SUMIKO ONO
AKIHIRO NAKAGAWA
GEORGE NISHIMAKI

BUMERANG
Re

ブーメラン・エルエー
（第2版）

ASAHI VERLAG

はじめに

　ドイツ語は、ドイツ、オーストリア、スイスの他、ルクセンブルク、リヒテンシュタインでも公用語とされている言語で、北イタリア地方、ベルギー東部、フランス東部、オランダ東部、デンマーク南部にもドイツ語を母語としている人たちがいます。ドイツ語話者の総人口は約1億2000万人で世界第12位、EU内では最も多く話されている言語です。今、外国語としてドイツ語を学んでいる人は、世界中で約1700万人にも及んでいます。

　実際、ドイツ語を学ぶことには多くの**メリット**があります。ドイツ語ができれば情報入手の範囲が格段に広がります。インターネット上でのドイツ語の使用頻度は英語に次いで第2位ですし、全世界で発行される出版物で使用されている言語のうち、ドイツ語の割合は世界第5位です。また、ドイツ語はEU圏で英語に次いで重要なビジネス言語です。商業、金融、製造業、スポーツ、観光などの分野でドイツ語を話せればキャリア・アップにつながるでしょう。事実、欧州経済を担う主要国であり、脱原発に舵を切ったドイツへの関心からも、ドイツ語の需要はますます高まっています。

　しかし、外国語を学ぶことの意義をメリットだけで測ってよいのでしょうか。外国語を学ぶに際して私たちがなによりも大切にしなければならないのは、**外に向って心を開く**態度を養うことではないでしょうか。それは、他国の人々の感じ方や考え方を、それぞれの言語を通じて知ろうとし、みずからの視野を広げようと努める態度です。人間の知恵の成果は、ひとつの言語だけで理解し尽くせるものではありません。ものごとを理解する仕方が日本語、英語、ドイツ語のそれぞれで異なっているからです。外国語を学ぶことは、内に閉じこもることなく、外に心を開くことなのです。

　外に向って心を開こうとすることは、**お互いをよく知ろう**とする態度でもあります。事前に日本語を学んできて、できるだけ日本語を話そうとする外国人と、日本語をまったく知らないで日本に来た外国人のどちらにあなたは親近感をおぼえますか？自分と違った価値観の人とコミュニケーションをとるためには、まず相手と、相手の言語に対して心を開かなければなりません。

　外に向って心を開く態度は、ふたたび自分自身にかえって、反省的なまなざしをみずからに向けることにつながるでしょう。他者を知ることと**自分自身を知る**ことは不可分だからです。皆さんが、自他の価値観、人生観、文化、歴史、制度などを新しい視点から見直すきっかけを、ドイツ語を学ぶことから得てくださることを念じてこのテキストを作りました。教授用DVDをご用意しましたので、そこからも何かを感じていただければと思います。

　本書の作成にあたり、ドイツ語を丁寧にチェックしてくださったディアナ・バイヤー＝田口先生をはじめ、DVD作成では石井学さんに、そして朝日出版社編集部の藤野昭雄さん、朝日英一郎さん、日暮みぎわさんに大変お世話になりました。厚く御礼を申し上げます。

　さあ、一緒にドイツ語を学びましょう！

2013年　春
著者一同

改訂版に寄せて

　2011年3月、日本に住む私たちは未曾有の出来事を経験しました。東日本大震災と福島第一原発の事故です。この原発事故を深刻に受けとめたドイツは、同年4月、エネルギー政策に関する「倫理委員会」を直ちに設置し、2022年までに国内の原子炉をすべて廃炉にする決定を下しました。ここには、原発問題を単に技術問題・経済問題としてではなく、「倫理」の面から考えるというドイツ的な思考があります。ドイツ語を学ぶ目的の中には、このようなドイツ的思考を理解したいという関心も含まれるでしょう。他方、私たちの国はエネルギー問題に対してどのような態度を取ろうとするのでしょうか、そして私たちひとりひとりはどう考えていけばよいのでしょうか。──これは、ドイツ的思考に対する関心が、ドイツ語学習を通じて、自分自身への問いとして回帰してくる代表的な事例でしょう。

　本書『ブーメラン・エルエー』（Reは「再び」「新たに」「繰り返して」などを表します）は、ドイツ語学習を通じて他者に心を開き、新たに自己を見つめ直して欲しいという前作『ブーメラン』のコンセプトを維持しながら、より使いやすい形に改訂したものです。新たに工夫を加えた点は次のとおりです。

- 各課8ページ仕立てとしました。先生方におかれましては、授業の進行速度に合わせて、学習項目を適宜取捨選択してご使用いただければ幸いです。

- 文法項目の順序を一部組み替えた他、文法の理解を妨げないよう未習事項の先取りを可能なかぎり排除しました。文法の説明も、さらに正確に、分かりやすく改訂しました。

- Übungen（練習問題）を大幅に改め、取り組み易い、より効果的な問題にしました。

- 「会話しよう」の会話文もシェイプアップしました。

- 各課6ページ目の「カフェパウゼ」は、学生のみなさんへ向けた著者からのメッセージです。その内容・写真を一部改訂しました。

- 「読んでみよう」（読章）は各課の7ページ目に配置し直し、内容に即した説明や写真を新たに挿入しました。また、「Verstanden?!」と題して、簡単な問題を付しました。

- 各課の最終ページには、「都市の紹介」と題して、ドイツ語圏の都市をふんだんな写真とともに紹介しています。

　改訂版の作成にあたり、東京外国語大学講師ディアナ・バイヤー＝田口先生に再度ドイツ語を丁寧にチェックしていただきました。イラストの全面的な刷新を、新たに渡辺奈央子さんにお願いしました。朝日出版社編集部の藤野昭雄さん、中山耀斗さんには大変お世話になりました。厚く御礼を申し上げます。

　さあ、一緒にドイツ語を学びましょう！

2015年　春
著者一同

本書の
使い方

1課 **8** ページ構成です

はじめの2ページ　～ドイツ語のきまりを覚えよう～

❶ ドイツ語のきまり　Grammatik
まず、ドイツ語のきまりをきちんとおさえましょう。項目ごとに文法事項をていねいに解説しています。
注意すべき文法項目や発展的な文法項目は巻末の「文法の補足」を参照してください。

❷ ミニ練習
上記の文法の項目に相当する簡単な問題です。ここでしっかりと文法を自分のものにしてください。

❸ ダックスフント
文法をさらに詳しく説明してくれたり、注意すべき点を教えてくれたりするたのもしいヤツです。

🐾（肉球マーク）も見逃さないでね。

❹ インデックス
これを見ればここが何課なのかが一目で分かります。パラパラとページをめくれば、めざす課にすぐ飛ぶことができます。

次の2ページ　～会話しよう～

❽ 会話しよう
その課で取り上げたドイツ語圏の都市にまつわる会話です。すでに習った文法の範囲内で理解できます。

❾ チェックノート
ドイツ語圏を旅行する時にマスターしておきたい表現です。スラスラ話せるように何度も練習しましょう。

❿ ミニ会話
「会話しよう」に含まれている表現を使ってパートナー練習をしてみましょう。

⓫ カフェパウゼ
次の課への英気を養うためのページです。その課で取り上げた都市などに関連した文化事情や、それにまつわる話を敷衍させて、われわれが暮らしている日本のことに言及しています。あらためて、日本や自分のことについても考えてみましょう。

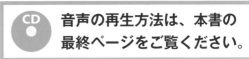
次の2ページ　～単語を使っていろいろしてみよう～

⑤ 単語を覚えよう

その課で使う単語を覚えやすいように視覚的に表現してみました。次のページ以降の「練習しよう」、「会話しよう」と緊密に連動していますので、できるだけ覚えるようにしましょう。

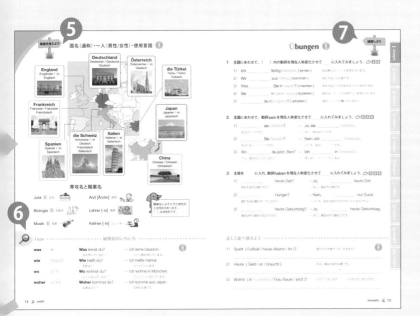

⑥ Lupe

知っておくと便利な文法項目・表現・単語にスポットライトを当てました。次ページ以降の「練習しよう」、「会話しよう」の内容とも連動しています。

⑦ 練習しよう
Übungen

文法項目を思い出しながら、問題を解いてみましょう。
前ページの「単語を覚えよう」に出てきた単語は青文字で示してありますので、参照して練習してみましょう。

最後の2ページ　～読んでみよう～

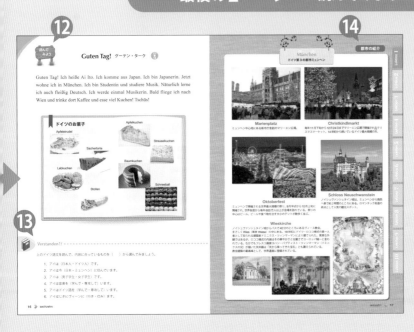

⑫ 読んでみよう

各課の内容と文法に対応した読章です。読む力を鍛えましょう。

⑬ Verstanden?!

読章を読んで、きちんと理解できているかどうか確かめてみましょう。

⑭ 都市の紹介

各課で扱っている都市やその周辺の地域を、豊富な写真とともに紹介しています。

ヨーロッパ地図

●は首都の位置

欧州連合（EU）加盟国〈通称〉（2023年現在）

ベルギー Belgien	ブルガリア Bulgarien	デンマーク Dänemark
ドイツ Deutschland	エストニア Estland	フィンランド Finnland
フランス Frankreich	ギリシャ Griechenland	イタリア Italien
アイルランド Irland	リトアニア Litauen	ラトビア Lettland
ルクセンブルク Luxemburg	マルタ Malta	オランダ Niederlande
オーストリア Österreich	ポーランド Polen	ポルトガル Portugal
ルーマニア Rumänien	スウェーデン Schweden	スロバキア Slowakei
スロベニア Slowenien	スペイン Spanien	チェコ Tschechien
ハンガリー Ungarn	キプロス Zypern	クロアチア Kroatien

EU = **E**uropäische **U**nion

※ イギリス（England）は、2016年6月の国民投票で欧州連合からの離脱を決定し
　2020年1月に離脱、同年12月末に移行期間を終えた。

ドイツ語圏略地図（☐ はドイツ語使用地域）

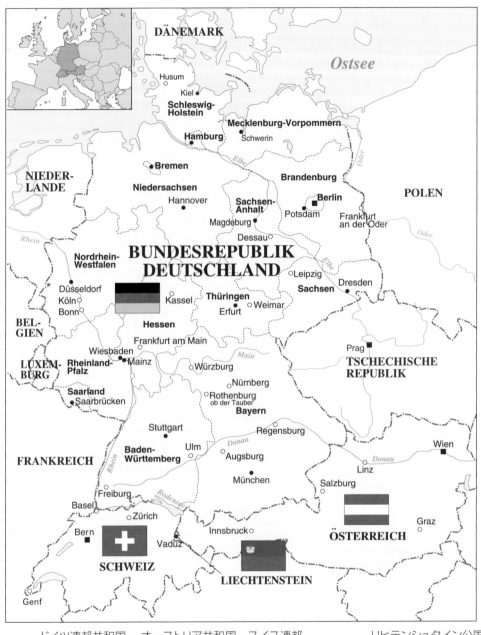

	ドイツ連邦共和国 Bundesrepublik Deutschland	オーストリア共和国 Republik Österreich	スイス連邦 Schweizerische Eidgenossenschaft （通称Schweiz）	リヒテンシュタイン公国 Fürstentum Liechtenstein
首 都	ベルリン	ヴィーン	ベルン	ファドゥーツ
面 積	35万7021km^2	8万3858km^2	4万1284km^2	160km^2
人 口	8320万人	893万人	867万人	3.9万人
通 貨	ユーロ (Euro)	ユーロ (Euro)	スイスフラン (sFr)	スイスフラン (sFr)

もくじ

DAS ALPHABET アルファベート

A a [アー] Arbeit 仕事

B b [ベー] Berlin ベルリン

C c [ツェー] CD コンパクト・ディスク

D d [デー] Denkmal 記念碑

E e [エー] Englisch 英語

F f [エフ] Fluss 川

G g [ゲー] Geld 金銭

H h [ハー] Hand 手

I i [イー] Insel 島

J j [ヨット] Japan 日本

K k [カー] Kaiser 皇帝

L l [エル] Luft 空気

M m [エム] Musik 音楽

N n [エン] Nummer 番号

O o [オー] Oper オペラ

P p [ペー] Person 人

• ドイツ語の (単) 母音はa, e, i, o, u, ä, ö, ü で、それぞれに長音と短音とがあります。

Q q [クー]	R r [エル]	S s [エス]	T t [テー]
Quelle 泉	Rucksack リュックサック	Skizze スケッチ	Teller 皿

U u [ウー]	V v [ファオ]	W w [ヴェー]	X x [イクス]
Uhr 時計	Vater 父	Welt 世界	x-Achse X 軸

Y y [ユプスィロン]	Z z [ツェット]
Yen 円	Zoo 動物園

Ä ä [エー] アの口でエー	Ö ö [エー] オの口でエー	Ü ü [ユー] ウの口でイー	ß [エスツェット]
Bär クマ	Löwe ライオン	Süden 南	Fuß 足

- Ä ä, Ö ö, Ü ü はウムラオト（変母音）と呼ばれます。（それぞれアー・ウムラオト、オー・ウムラオ
  ト、ウー・ウムラオトと呼ばれることがあります。）
- ß は小文字だけで大文字はありません。

Die Aussprache　発 音

●発音の原則

1. ほぼローマ字のように読みます。

    Mai [マィ] 5月　　**Bus** [ブス] バス　　**Ring** [リング] 指輪　　**danken** [ダンケン] 感謝する

> 名詞は頭文字を
> 常に大文字で書きます。

2. アクセント(強勢)は原則として最初の母音(第一音節)に置きます。

    Tante [タンテ] おば　　**Morgen** [モルゲン] 朝　　**dunkel** [ドゥンケル] 暗い　　**haben** [ハーベン] 持っている

3. アクセントのある母音は、母音の後に子音が1つなら長く、2つ以上なら短くなります。

    Name [ナーメ] 名前　　**Glas** [グラース] グラス　　**Ma**nn [マン] 男　　**Mu**tter [ムッタァ] 母

- アクセントが最初の母音にない例外的な場合として、**be-, emp-, ent-, er-, ge-, ver-, zer-** のつづりで始まる語 (Beruf [ベ・ルーフ] 職業、gefallen [ゲ・ファレン] 気に入る、など) や、多くの外来語(Musik [ムズィーク] 音楽、Museum [ムゼーゥム] 博物館、Restaurant [レストラーン] レストラン、など) があります。
- 語末の **-er, -r** は軽く「ァ」と発音することが多いです (Butter [ブッタァ] バター、wir [ヴィーァ] 私たちは、など)。ただし **er** (彼は) などの場合は [エァ/エーァ] と発音します。

●注意すべき母音の発音

ä	[ɛː エー] [ɛ エ]	**Bär**	[ベーァ] クマ	**Kälte**	[ケルテ] 寒さ
ö	[øː エー] [œ エ]	**hören**	[ヘーレン] 聞く	**öffnen**	[エッフネン] 開ける
ü	[yː ユー] [ʏ ユ]	**müde**	[ミューデ] 疲れた	**fünf**	[フュンフ] 5
au	[aʊ アォ]	**kaufen**	[カォフェン] 買う	**blau**	[ブラォ] 青い
ei	[aɪ アィ]	**Eis**	[アィス] 氷	**klein**	[クライン] 小さい
eu, äu	[ɔy オィ]	**heute**	[ホィテ] 今日	**träumen**	[トロィメン] 夢を見る
ie	[iː イー]	**fliegen**	[フリーゲン] (飛行機で)行く	**lieben**	[リーベン] 愛する

- 外来語は [イェ] と発音します。Familie [ファミーリエ] 家族

同じ母音が2つ　　**Tee** [テー] 紅茶　　　**Boot** [ボート] ボート

母音 + h (母音は長く発音、hは発音しない)

Bahn	[バーン] 鉄道	**geh**en	[ゲーエン] 行く
ihn	[イーン] 彼を	**Oh**r	[オーァ] 耳
Uhr	[ウーァ] 時計		

●注意すべき子音の発音

語末の -b, -d, -g [p ブ] [t ト] [k ク]	halb	[ハルプ] 半分の	Kind	[キント] 子供
	Tag	[ターク] 日		
ch (a, o, u, au の後) [x ハ,ホ,フ,ホ]	Nacht	[ナハト] 夜	hoch	[ホーホ] 高い
	Buch	[ブーフ] 本	auch	[アォホ] …もまた
（上記以外）[ç ヒ]	ich	[イヒ] 私は	China	[ヒーナ] 中国
語末の -ig [-iç イヒ]	billig	[ビリヒ] 安い	richtig	[リヒティヒ] 正しい
j [j ユ]	jung	[ユング] 若い	Japan	[ヤーパン] 日本
pf [pf プフ]	Apfel	[アプフェル] リンゴ	Kopf	[コプフ] 頭
s (母音の前) [z ズ]	sagen	[ザーゲン] 言う	Sommer	[ゾマァ] 夏
（上記以外）[s ス]	Post	[ポスト] 郵便局	links	[リンクス] 左に
ss (短母音の後) [s ス]	essen	[エッセン] 食べる	Klasse	[クラッセ] クラス
ß (長母音/複母音の後) [s ス]	groß	[グロース] 大きい	fleißig	[フライスィヒ] 勤勉な
sch [ʃ シュ]	schön	[シェーン] 美しい	Englisch	[エングリッシュ] 英語
語頭の sp-, st- [ʃp シュプ] [ʃt シュト]	spielen	[シュピーレン] 遊ぶ	Student	[シュトゥデント] 大学生
	Stadt	[シュタット] 町	Theater	[テアータァ] 劇場
dt, th [t ト]				
qu [kv クヴ]	Quelle	[クヴェレ] 泉	bequem	[ベクヴェーム] 快適な
ti (外来語) [tsi ツィ]	Lektion	[レクツィオーン] 課	Nation	[ナツィオーン] 国民
tsch [tʃ チュ]	tschüs	[チュース] バイバイ	Deutsch	[ドイチュ] ドイツ語
v [f フ]	Vater	[ファータァ] 父	von	[フォン] …から

• 外来語は「ヴ」と発音します。Klavier [クラヴィーァ] ピアノ

w [v ヴ]	was	[ヴァス] 何	wohnen	[ヴォーネン] 住んでいる
z [ts ツ]	Zeit	[ツァイト] 時間	tanzen	[タンツェン] 踊る
ds, ts, tz [ts ツ]	abends	[アーベンツ] 晩に	rechts	[レヒツ] 右に
	jetzt	[イェット] 今		

※発音のカタカナ表記は、主に早川東三＋伊藤眞＋Wilfried Schulte［著］『初級者に優しい独和辞典』
（朝日出版社、2007年）による。

Grüße あいさつ

出会ったとき・店に入るとき

Guten Morgen!	おはよう
Guten Tag!	こんにちは
Guten Abend!	こんばんは
Grüß Gott!	おはよう、こんにちは、こんばんは （ドイツ南部・オーストリアで）

Hallo!

別れるとき・店から出るとき

Gute Nacht!	おやすみなさい
Auf Wiedersehen!	さようなら
Bis morgen!	またあした
Bis bald! / Bis später!	またあとでね

Tschüs!
バイバイ

ご機嫌いかがですか

初対面の人などにする改まったあいさつ

**Wie geht es Ihnen,
Herr Brandt?**
ご機嫌いかがですか、
ブラントさん。

**Es geht mir gut,
danke. Und Ihnen?**
元気です、ありがとう。
あなたはいかがですか？

親しい間柄でするくだけたあいさつ

Wie geht's?
元気？

Danke, gut.
ありがとう、元気よ。

**Sehr gut,
danke.**
とても元気です、
ありがとう。

Herr ～「～さん（男性）」
Frau ～「～さん（女性）」

ミニ練習 -

1 ドイツ語で何と言いますか。

　　1）朝、ホテルのレストランに入るとき

　　2）昼、カフェに入るとき

　　3）友だちのアンナ（Anna）と別れるとき

　　4）初対面のミュラーさん（Müller）にあいさつするとき

ありがとう／どういたしまして

Danke (schön)!
（どうも）ありがとう。

Bitte (schön / sehr)!
どういたしまして。

Vielen Dank!
どうもありがとう。

Nichts zu danken!
お礼には及びません。

すすめられて

Ja, bitte!
はい、いただきます。

Nein, danke!
いいえ、結構です。

すみません／他

Entschuldigung!
すみません。

Kein Problem.
気にしないでください。

Wie bitte?
なんですって
（もう一度言って
下さい）。

とっさのひと言

Prima! おみごと！　　Wunderbar! すばらしい！　　Toll! すごい！　　Lecker! おいしい！

2　ドイツ語で何と言いますか。

1) 道を教えてもらったとき
2) お礼を言われたとき
3) 苦手な飲み物をすすめられたとき
4) ウェーターの言葉を聞き返すとき

Wochentage 曜日 ・ Monate 月 ・ Jahreszeiten 四季

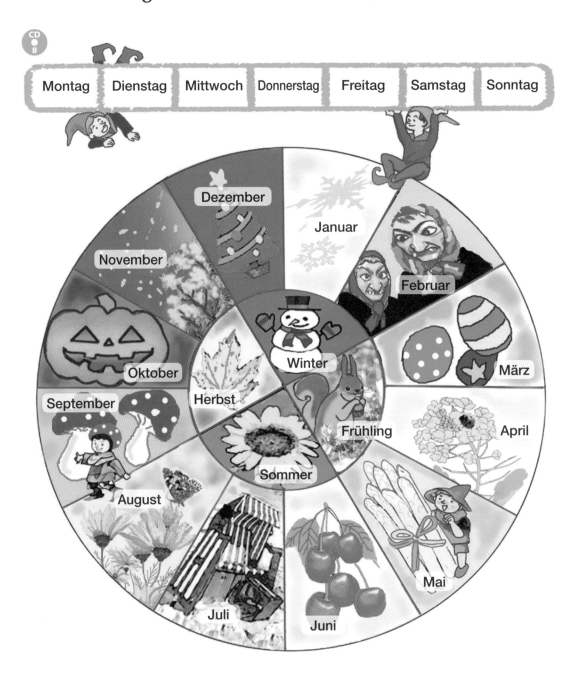

| Montag | Dienstag | Mittwoch | Donnerstag | Freitag | Samstag | Sonntag |

Dezember
Januar
November
Februar
Oktober
März
September
April
August
Mai
Juli
Juni
Herbst
Winter
Frühling
Sommer

ミニ練習 ━━━━━━━━━━━━━━━━━━━━━━━━━━━━━━━

.... に曜日を入れて言ってみましょう。

Auf Wiedersehen, bis .... !　さようなら、また .... 曜日にね。

Grundzahlen 数詞（基数）

zehn · elf · zwölf
sieben · acht · neun
vier · fünf · sechs
eins · zwei · drei

null

CD 9

0	null			
1	eins	7	sieben	13 dreizehn	19 neunzehn
2	zwei	8	acht	14 vierzehn	20 *zwan*zig
3	drei	9	neun	15 fünfzehn	21 *ein*undzwanzig 🐾
4	vier	10	zehn	16 *sech*zehn	22 zweiundzwanzig 🐾
5	fünf	11	*elf*	17 *sieb*zehn	⋮
6	sechs	12	*zwölf*	18 achtzehn	30 drei*ß*ig

40	vierzig	80	achtzig
50	fünfzig	90	neunzig
60	*sech*zig	100	(ein) hundert
70	*sieb*zig		

> 1と20
> 2と20 と読みます

自分の学籍番号をドイツ語で言ってみましょう。

Grammatik

ドイツ語のきまり

1 人称代名詞と動詞の現在人称変化（1）（規則動詞）

動詞の原形を**不定詞**といい、**語幹**と**語尾**（大部分が -en）からできています。
動詞は、主語の人称と数に応じて語尾が変化します。これを動詞の**現在人称変化**といいます。
人称変化した動詞の形を**定動詞**といいます。

不定詞（辞書での形）　　語幹　　語尾
wohnen ＝ **wohn** + en

Ich wohne in Japan.　私は日本に住んでいます。
定動詞

不定詞 **wohn**en 住んでいる				
	人称代名詞（単数）	定動詞	人称代名詞（複数）	定動詞
1人称	私は **ich**	wohne	私たちは **wir**	wohnen
2人称（親称）	君は **du**	wohnst	君たちは **ihr**	wohnt
3人称	彼は **er** 彼女は **sie** それは **es**	wohnt	彼らは 彼女らは **sie** それらは	wohnen
2人称（敬称）	あなたは／あなたがたは　　　　**Sie**　wohnen			

人称代名詞には、1人称（話し手自身）、2人称（話しの相手）、3人称（1・2人称以外のすべての人・もの）があり、それぞれに単数と複数があります。

duとSieのちがい

・2人称du, ihrは親しい間柄（家族・友人・恋人・学生同士など）や子どもに、Sieはそれ以外の間柄で用います。
・Sieは単複同形で、常に頭文字を大文字で書きます。

注意すべき動詞

a) arbeitenなど、語幹が -d, -t などで終わる動詞は、発音の都合で、du, er/sie/es, ihrの3箇所にeを入れます。
 { du arbeitest
 { er/sie/es arbeitet
 { ihr arbeitet

b) heißenなど、語幹が -s, -ß, -zなどで終わる動詞は、duでは -stのsが省かれて、-tの語尾の形になります。
 →du heißt　☞92ページ

ミニ練習 --

1　次の動詞を現在人称変化させてみましょう。

CD
10

	kommen 来る	lernen 習う	gehen 行く
ich			
du			
er/sie/es			
wir			
ihr			
sie/Sie			

Lektion 1
Lektion 2
Lektion 3
Lektion 4
Lektion 5
Lektion 6
Lektion 7
Lektion 8
Lektion 9
Lektion 10

2 　動詞 sein（英：*be*）・ haben（英：*have*）の現在人称変化（不規則動詞）

不定詞 **sein** 〜である			
ich	**bin**	wir	**sind**
du	**bist**	ihr	**seid**
er/sie/es	**ist**	sie	**sind**
Sie **sind**			

不定詞 **haben** 〜をもっている			
ich	habe	wir	haben
du	hast	ihr	habt
er/sie/es	hat	sie	haben
Sie haben			

Ich **bin** Student. 　私は学生です。
Er **ist** Deutscher. 　彼はドイツ人です。

Sie **hat** Zeit. 　彼女は時間があります（暇です）。
Ich **habe** Hunger. 　私は空腹です。

3 　語順

1）定動詞は 2番目

Er	**lernt**	jetzt	Deutsch.	彼は今ドイツ語を学んでいます。
Jetzt	**lernt**	er	Deutsch.	
Deutsch	**lernt**	er	jetzt.	
Was	**lernt**	er	jetzt?	

強調したい語や
疑問詞は先頭に！

主語は定動詞の次です。

eu は「オイ」

lernen：習う、学ぶ
studieren：専攻する、大学で学ぶ

2）定動詞は 1番目 （疑問詞のない疑問文）

Lernt er jetzt Deutsch? 　－ Ja, er lernt jetzt Deutsch.

　　　　　　　　　　　　　 － Nein, er lernt jetzt Englisch.

4 　ja・nein の使い方

疑問詞のない疑問文に対しては **ja**（はい）または **nein**（いいえ）で答えます。

Ist sie Studentin? 　　－ **Ja**, sie ist Studentin. 　はい、彼女は女子学生です。
彼女は女子学生ですか。 　－ **Nein**, sie ist Lehrerin. 　いいえ、彼女は女性教師です。

• 否定疑問文に対する答え方（doch の用法）については ☞92⧣

2 　主語にあわせて、動詞 sein を .... に現在人称変化させてみましょう。

1）............ Sie Student? 　　　－ Ja, ich .... Student.

2）............ Ben alt? 　　　　　－ Nein, er .... jung.

3 　主語にあわせて、動詞 haben を .... に現在人称変化させてみましょう。

1）............ du heute Zeit? 　　－ Ja, ich .... heute Zeit.

2）............ Anna Durst? 　　　－ Nein, sie .... Hunger.

国名（通称）・〜人（男性/女性）・使用言語

England
Engländer / -in
Englisch

Deutschland
Deutscher / Deutsche
Deutsch

Österreich
Österreicher / -in
Deutsch

die Türkei
Türke / Türkin
Türkisch

Frankreich
Franzose / Französin
Französisch

Japan
Japaner / -in
Japanisch

die Schweiz
Schweizer / -in
Deutsch
Französisch
Italienisch

Italien
Italiener / -in
Italienisch

Spanien
Spanier / -in
Spanisch

China
Chinese / Chinesin
Chinesisch

専攻名と職業名

Jura 女 法学

Biologie 女 生物学

Musik 女 音楽

Arzt [Ärztin] 医師

Lehrer [-in] 教師

Kellner [-in] ウェーター

職業名にはそれぞれ男性形
と女性形があります。
［ ］は女性形です。

 Lupe ■ ■ ■ ■ ■ ■ ■ 疑問詞のいろいろ ■ ■ ■ ■ ■ ■ ■ ■

was	何	**Was** lernst du? 何を学んでいるの？	– Ich lerne Deutsch. ドイツ語を学んでいます。
wie	どのように	**Wie** heißt du? 名前は？	– Ich heiße Hanna. ハンナといいます。
wo	どこで	**Wo** wohnst du? どこに住んでいるの？	– Ich wohne in München. ミュンヘンに住んでいます。
woher	どこから	**Woher** kommst du? 出身はどこ？	– Ich komme aus Japan. 日本の出身です。

Übungen

Lektion 1
Lektion 2
Lektion 3
Lektion 4
Lektion 5
Lektion 6
Lektion 7
Lektion 8
Lektion 9
Lektion 10

1 主語にあわせて、（　　）内の動詞を現在人称変化させて _____ に入れてみましょう。 ☞ **1 3**

1) Ich _____ fleißig Deutsch. (lernen)　　私は熱心にドイツ語を学んでいます。

2) Wir _____ aus China. (kommen)　　私たちは中国出身です。

3) Was _____ Sie in Japan? (machen)　　あなたは日本で何をなさっているのですか。

4) Sie _____ in Italien Jura. (studieren)　　彼女はイタリアの大学で法学を学んでいます。

5) _____ du in England? (arbeiten)　　君はイギリスで働いているの？

2 主語にあわせて、動詞 sein を現在人称変化させて _____ に入れてみましょう。 ☞ **2 3 4**

1) _____ sie Lehrerin?　　　　　　– Ja, sie _____ Lehrerin.
彼女は先生ですか。　　　　　　　　　　　– はい、彼女は先生です。

2) _____ Sie Spanier?　　　　　　– Nein, ich _____ Franzose.
あなたはスペイン人ですか。　　　　　　　– いいえ、私はフランス人です。

3) Wo _____ du jetzt, Ben?　　– Ich _____ in Österreich.
ベン、君は今どこにいるの？　　　　　　　– ぼくはオーストリアにいるよ。

3 主語を _____ に入れ、動詞 haben を現在人称変化させて _____ に入れてみましょう。 ☞ **2 3 4**

1) _____ heute Zeit?　　　　　　– Ja, _____ heute Zeit.
あなたは今日暇ですか。　　　　　　　　　– はい、私は今日暇です。

2) _____ Hunger?　　　　　　　– Nein, _____ nur Durst.
君たちはお腹がすいているの？　　　　　　– いいえ、私たちはのどがかわいているだけだよ。

3) _____ heute Geburtstag?　– Ja, _____ heute Geburtstag.
彼女は今日誕生日なのですか。　　　　　　– はい、彼女は今日誕生日です。

正しく並べ替えよう ━ ■ ━ ■ ━ ■ ━ ■ ━ ■ ━ ■ ━ ■ ━ ■ ━ ■ ━ ■ ━ ■ ━ ■ ━ ■

1) Spielt (Fußball / heute Abend / ihr)?　　君たちは今晩サッカーをするの？

_____

2) Heute (Geld / er / braucht).　　今日、彼はお金が必要です。

_____

3) Wohnt (in Frankreich / Frau Bauer / jetzt)?　　バウアー夫人は今フランスに住んでいるのですか。

_____

ミュンヘンで自己紹介

ミュンヘン
München

旅行中のアイが、ビアホール・ホフブロイハウスで、シュミットさんに話しかけられました。

 ： Grüß Gott! Woher kommen Sie?

 ： Guten Tag! Ich komme aus Japan, aus Kobe.
Ich heiße Ai Ito. Wie heißen Sie?

 ： Ich heiße Karl Schmidt.
Ich wohne in München.

チェックノート　　自己紹介するとき

CD 17

●お名前は　：Wie heißen Sie?

　　　　　　　　Ich heiße (　　　自分の名前　　　).

●ご出身は　：Woher kommen Sie?

　　　　　　　　Ich komme aus (　　出身国／都市名　　).

●お住まいは　：Wo wohnen Sie?

　　　　　　　　Ich wohne in (　　居住地　　).

 ミニ会話 ■■■■■■■■■■■■■■ 自己紹介 ■■■■■■■

例にならって（　）の中に地図上の②〜⑥を入れ、言ってみましょう。

例：Woher kommen Sie ?
　　→ Ich komme aus **Deutschland**.

（　①　）Deutschland　ドイツ　　　（　　）England　イギリス
（　　）Österreich　オーストリア　　（　　）Italien　イタリア
（　　）Frankreich　フランス　　　（　　）Spanien　スペイン

ことば

君は、なに読派?!

カフェ パウゼ

Hofbräuhaus am Platzl

ミュンヘン観光といえば、まずここ。
16世紀末に開設されて、現在は州が運営しているビアホール。

ベルリン国際文学祭にて

1919年、ホフブロイハウスでドイツ労働党の集会が開かれ、後にナチスを率いることになる若きヒトラーが大衆の前で演説し、聴衆はたちまち彼の演説のとりこになった。

欧米の作家には、自作の朗読に熱心な人が多く、新作を発表すると、書店やカルチャーセンターのような場所で、聴衆を前に本を読むのが通例だ。

Ein Buch kann ein Leben verändern

文字そのものに意味がある漢字とは異なり、アルファベットで表記される欧米の表音文字では、朗読によって言葉の抑揚、リズムに酔えるからとも言われている。

Bernhard Schlink
Der Vorleser
Roman · Diogenes

ドイツは、毎年ほぼ9万4000点の初版・再販書籍が出版される書籍大国でもある。350種の日刊紙と数千の雑誌はメディア界の勢いを証明している。

朗読を題材にした作品、『朗読者』Der Vorleser は、1995年に出版されたベルンハルト・シュリンクの長編小説である。日本語にも翻訳されている。2008年には米・独共同制作で映画化され、翌年には日本で公開された。

こぼれ話

第二次世界大戦後、シベリアの捕虜収容所で捕虜の皆が＜読むもの＞に飢えていた時、新聞の切れ端を誰かが手に入れた。一人のドイツ人がそれを手にとり「朗読」すると、ドイツ人は聴いて満足したが、日本人は一人ひとりが手にとって自分で「黙読」しないと満足しなかったので、切れ端はついにボロボロになって消えてしまったという。
　黙読の文化と音読の文化があるようだ。音読、朗読、黙読、速読、熟読、精読、乱読など、さまざまな読み方があるが、積読（つんどく）という読み方もある。若い時こそ、むさぼるように書物に接してみてはいかが!!

Lektion 1 / Lektion 2 / Lektion 3 / Lektion 4 / Lektion 5 / Lektion 6 / Lektion 7 / Lektion 8 / Lektion 9 / Lektion 10

Guten Tag! グーテン・ターク

Guten Tag! Ich heiße Ai Ito. Ich komme aus Japan. Ich bin Japanerin. Jetzt wohne ich in München. Ich bin Studentin und studiere Musik. Natürlich lerne ich auch fleißig Deutsch. Ich werde einmal Musikerin. Bald fliege ich nach Wien und trinke dort Kaffee und esse viel Kuchen! Tschüs!

ドイツのお菓子

Apfelstrudel

Apfelkuchen

Streuselkuchen

Sachertorte

Baumkuchen

Lebkuchen

Schneeball

Stollen

Verstanden?! ▪

上のドイツ語文を読んで、内容に合っているものを（　　）から選んでみましょう。

1. アイは（日本人・ドイツ人）です。
2. アイは今（日本・ミュンヘン）に住んでいます。
3. アイは（男子学生・女子学生）です。
4. アイは音楽を（学んで・専攻して）います。
5. アイはドイツ語を（学んで・専攻して）います。
6. アイはじきにヴィーンに（行き・住み）ます。

Lektion 1
Lektion 2
Lektion 3
Lektion 4
Lektion 5
Lektion 6
Lektion 7
Lektion 8
Lektion 9
Lektion 10

München
ドイツ第3の都市ミュンヘン

Marienplatz
ミュンヘン中心地にある新市庁舎前のマリーエン広場。

Christkindlmarkt
毎年11月下旬から12月24日までマリーエン広場で開催されるクリスマスマーケット。14世紀から続いているドイツ最大規模の市。

Oktoberfest
ミュンヘンで開催される世界最大規模の祭り。9月半ばから10月上旬に開催され、世界各国から毎年600万人以上が会場を訪れている。祭りの中心はビール。ビールや食べ物を出す大小のテントが数多く並ぶ。

Schloss Neuschwanstein
ノイシュヴァンシュタイン城は、ミュンヘンから南西へ車で約2時間のところにある。ロマンチック街道の終点として人気の観光スポット。

Wieskirche
ノイシュヴァンシュタイン城からバスで40分のところにあるヴィース教会。まさしく Wies（草原 Wiese）の中にある。18世紀にドイツ・ロココ様式の第一人者として知られる建築家ドミニクス・ツィンマーマンにより建てられた。質素な外観ではあるが、ロココ様式の内装はその華やかさと壮麗さでヨーロッパ随一と言われている。なかでもフレスコ画家ヨハン・バプティスト・ツィンマーマン（ドミニクスの兄）が描いた天井画は「天から降ってきた宝石」とも讃えられている。教会建築の最高峰として、世界遺産に登録されている。

Grammatik

ドイツ語のきまり

1 名詞の性と冠詞

ドイツ語の**単数名詞**には、**男性・女性・中性**という文法上の**性**があります。文法上の性は名詞に付く冠詞によって表されます。名詞の**頭文字**はつねに**大文字**で書きます。

2 名詞の格

名詞が文中ではたす役割を**格**といいます。格には１格から４格まであり、日本語の「〜は／が、〜の、〜に、〜を」にほぼ相当します。格は主に冠詞の語尾変化（＝格変化）によって表されます。

3 定冠詞と名詞の格変化

定冠詞は英語のtheに相当し、「その〜」「あの〜」「例の〜」といった意味をもっています。

	男性名詞 男 (男・夫)	女性名詞 女 (女・妻)	中性名詞 中 (子ども)
1格 〜は／が	der Mann	die Frau	das Kind
2格 〜の	des Mann(e)s★	der Frau	des Kind(e)s★
3格 〜に	dem Mann	der Frau	dem Kind
4格 〜を	den Mann	die Frau	das Kind

★ 男性名詞と中性名詞の２格には原則として-sまたは-esがつきます。
• 名詞の性の見分け方、特殊な変化をする名詞については ☞93㌻。

Der Mann braucht **das Buch**.　その男性はその本を必要としています。

4 不定冠詞と名詞の格変化

不定冠詞は英語のa, anに相当し、「ひとつの〜」「ある〜」といった意味をもっています。

	男性名詞 男 (男・夫)	女性名詞 女 (女・妻)	中性名詞 中 (子ども)
1格 〜は／が	ein Mann	eine Frau	ein Kind
2格 〜の	eines Mann(e)s	einer Frau	eines Kind(e)s
3格 〜に	einem Mann	einer Frau	einem Kind
4格 〜を	einen Mann	eine Frau	ein Kind

• 男性１格と中性１、４格だけがein。それ以外は定冠詞の変化語尾に準じます。

Dort stehen **ein Mann** und **eine Frau**.　あそこに一人の男性と一人の女性が立っています。

ミニ練習 --

1 定冠詞と名詞を格変化させてみましょう。

CD 19

1格	der Tisch 机	die Brille メガネ	das Heft ノート
2格			
3格			
4格			

5 格の用法

1格	〜は / が	**Der Mann** ist Arzt.★	その男性は 医者です。
2格	〜の	Das Handy **des Mann(e)s** ist neu.	その男性の 携帯電話は新しいです。
3格	〜に	Der Hut passt **dem Mann**.	その帽子はその男性に ぴったり合います。
4格	〜を	Die Frau besucht heute **den Mann**.	その女性は今日その男性を 訪問します。

┌ 2格は後ろから前の名詞を修飾します。

└ 4格をとる動詞を他動詞といいます（それ以外は自動詞といいます）。

★ A ist B. の形の文では、主語Aだけでなく、Bの名詞も1格です。

6 名詞の複数形

名詞の複数形には5つの型があります（☞94☞）。
複数形では性の区別はなくなり、定冠詞は1種類のみとなります。

(1)	無語尾型	(⁃⁃)	der Lehrer → die Lehrer	der Vater → die Väter	
(2)	e型	(⁃⁃)e	das Heft → die Hefte	der Hut → die Hüte	
(3)	er型	⁃⁃er	das Kind → die Kinder	das Buch → die Bücher	
(4)	(e)n型	-(e)n	die Tasche → die Taschen	die Frau → die Frauen	
(5)	s型	-s	das Auto → die Autos	das Handy → die Handys	

名詞の複数形の格変化

		名詞の複数形
1格	〜は / が	**die** Väter
2格	〜の	**der** Väter
3格	〜に	**den** Vätern
4格	〜を	**die** Väter

辞書の見方
Kind 中 -(e)s / Kinder
　　　　単数2格　複数1格

• 名詞の複数形の3格には語尾 -nがつきます。
（ただし複数1格が -(e)n, -sで終わる名詞にはつきません。）

7 人称代名詞の使い方

前に出てきた単数名詞を人称代名詞で受ける場合は、**人・ものに関係なく**、男性名詞は**er**、女性名詞
は**sie**、中性名詞は**es**で受けます。
複数名詞は、**人・ものに関係なく**3人称複数の人称代名詞**sie**で受けます。

　　　Das★ ist **ein Koffer**.　**Der Koffer** ist alt.　**Er** ist schwer.　　★このdasについては☞20☞
　　　それは一個のトランクです。　そのトランクは古いです.　それは重いです。

　　　Die Kinder spielen dort Fußball.　　**Sie** spielen sehr gut.
　　　子どもたちはあそこでサッカーをしています。　彼らはとてもうまいです。

- -

CD
20

2　不定冠詞と名詞を格変化させてみましょう。

	ein Hund　犬	eine Katze　猫	ein Haus　家
1格			
2格			
3格			
4格			

身のまわりのもの

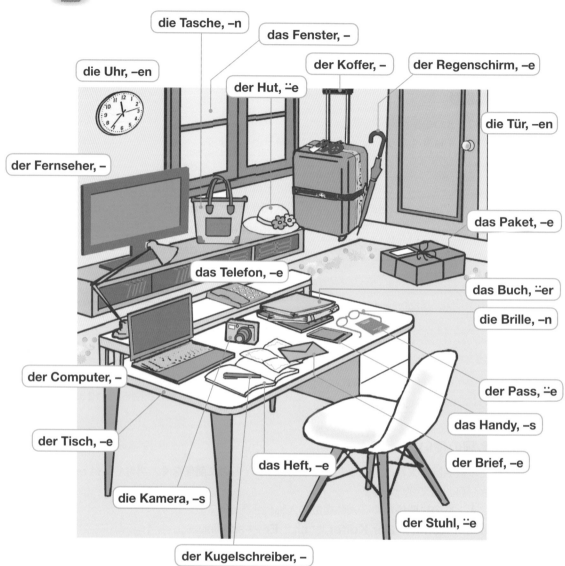

die Tasche, –n
das Fenster, –
der Koffer, –
der Regenschirm, –e
die Uhr, –en
der Hut, :e
die Tür, –en
der Fernseher, –
das Paket, –e
das Telefon, –e
das Buch, :er
die Brille, –n
der Computer, –
der Pass, :e
das Handy, –s
der Tisch, –e
der Brief, –e
das Heft, –e
die Kamera, –s
der Stuhl, :e
der Kugelschreiber, –

 Lupe ━━━━━━━━━━━━━ 紹介の das ━━━━━━━━━━━━━

Das ist der Pass.　　　これはパスポートです。

Das sind Tim und Lea.　　　こちらはティムとレアです。

この **das** は定冠詞ではなく、**性・数、人・もの**に関係なく単独で用いられる**指示代名詞**です。
「これ（ら）は／を」「それ（ら）は／を」という意味です。☞94頁

Übungen

練習しよう

1 .... に定冠詞を入れてみましょう。👉 **3** **5**

1) .... Computer ist sehr neu.　　　そのコンピューターはとても新しいです。

2) Die Uhr .... Kind(e)s ist billig.　　その子の時計は安いです。

3) Kaufst du .... Kamera hier?　　　君はここのそのカメラを買うの？

4) Ich danke .... Ärztin sehr.　　　私はその女医にとても感謝しています。

2 .... に不定冠詞を入れてみましょう。👉 **4** **5**

1) Hast du .... Kugelschreiber?　　　ボールペン持ってる？

2) Das ist das Handy .... Schülers.　　これはある生徒の携帯電話です。

3) Julia braucht .... Brille.　　　ユーリアはメガネを必要としています。

3 .... に定冠詞を、 ___ に不定冠詞を、 .... に 人称代名詞を入れてみましょう。👉 **3** **4** **5** **7**

1) Dort steht _____ Mann. Ich kenne .... Mann.　　　ist Kellner.

あそこに一人の男性が立っています。　私はその男性を知っています。　　彼はウェーターです。

2) Die Mutter schickt .... Sohn _____ Paket.　　　ist sehr leicht.

母は息子に小包を送ります。　　　　　　　　　　　　それはとても軽いです。

3) Er schenkt .... Frau _____ Tasche.　　　ist teuer.

彼はその女性にカバンを贈ります。　　　　　　　　それは高価です。

4 ( ) 内の語を複数形にして .... に入れてみましょう。👉 **6**

1) Drei .... trinken Bier. (Mann)　　　三人の男性がビールを飲んでいます。

2) Ich lese sehr gern .... (Buch)　　　私は本を読むのが大好きです。

3) Hast du zwei ....? (Handy)　　　君は携帯電話を２つ持っているの？

4) Sie hat vier Kinder, zwei .... und zwei .... (Sohn / Tochter)

彼女には息子二人、娘二人の四人の子供がいます。

正しく並べ替えよう ■■■■■■■■■■■■■■■■■■■■■■■■■■■■■■■■■■

1) Er (und / eine Schwester / hat / einen Bruder).　　彼には兄が一人と姉が一人います。

CD 24

....

2) Die Hefte (neu / sind / sehr / des Kind(e)s).　　その子のノートはとても新しいです。

....

3) Der Lehrer (einen Text / den Schülern / erklärt).　　先生は生徒たちにテキストを説明します。

....

ザルツブルクの美術館で
Was sind Sie von Beruf?

ザルツブルク
Salzburg

セツコが浮世絵を見ていたら、ドイツ人の男性に話しかけられました。

 : Was sind Sie von Beruf, ... Studentin?

 : Ja, ich bin Studentin. Ich studiere Ästhetik in Japan.

 : Oh! Ich liebe Ukiyo-e.
Sie sind wunderbar und so interessant.

 : Genau! Das denke ich auch!

 : Und ich trinke gern Sake.

チェック
ノート

職業・身分をたずねるとき

CD
26

●職業は何ですか： **Was sind Sie [von Beruf]?**

私は〜です。 **– Ich bin** (職業・身分)**.**

●何を専攻しているのですか： **Was studieren Sie?**

私は〜を専攻しています。 **– Ich studiere** (専攻名)**.**

ミニ会話 ━━━━━━━━━━ 〜が好きです ━━━━━━━━━

Spielst du gern ( )? 〜をするのが好き？

– Ja, ich spiele gern ( ).
　〜をするのが好きです。

– Nein, ich spiele ( ) nicht gern.
　〜をするのは好きではありません。

Trinkst du gern ( )? 〜を(飲むの)が好き？

– Ja, ich trinke gern ( ).
　〜が好きです。

– Nein, ich trinke ( ) nicht gern.
　〜は好きではありません。

Fußball Tischtennis Golf
Klavier Gitarre Geige

Tee Kaffee Orangensaft
Wein Bier Milch

塩
つなぐ愛、残す思い、
創る想い

Lektion 1
Lektion 2
Lektion 3
Lektion 4
Lektion 5
Lektion 6
Lektion 7
Lektion 8
Lektion 9
Lektion 10

Hallstatt

オーストリア中部に位置するハルシュタットという町名は、「塩の町」に由来しているとされる。

むかしむかし、雨の翌日になるとハルシュタット湖のほとりには、琥珀などの宝飾品が落ちていたという。それを青年たちが拾い、意中の女性にプレゼントして、結婚にこぎつけたという。それらは、ダッハシュタイン山に埋葬された古代ケルト人たちの墓から流れ出たものだった。

ハルシュタットのそばのアルトアウスゼー岩塩坑に、戦時中ナチスは、略奪した絵画を保管していた。

塩漬けにすれば、物は長持ちする。絵画を塩漬けにしたわけではないが、岩塩坑の中は塩が水分を吸収するので湿度・気温も一定で、絵を保存するのに最適だった。

ハルシュタットの岩塩は古代から盛んに交易品として使われ、「白い黄金」とさえ呼ばれていた。この地で「歴史的な塩漬け」の発見があった。それは、なんと、先史時代の岩塩坑夫の遺体で「ソルトマン」と呼ばれている。

Salzburg （旧市街）

ハルシュタットから車で一時間弱。モーツァルトの誕生地で有名なオーストリアのSalz「塩」Burg「城」。

Wolfgang Amadeus
Mozart (1756-1791)

5歳で初めて作曲し、35歳で夭折（ようせつ）するまで、600曲を超える作品を残した天才。「夢をみるから、人生は輝く」という名言も残している。

こぼれ話

ビンに入ったハルシュタット特産の塩

サラリーマンに支払われる「給料（salary）」の語源は、ローマ時代に兵士の報酬が「塩」で支給されたことに由来する。ちなみに日本列島は、『古事記』によると、イザナギとイザナミが塩で作ったという。
足許の土を舐めると塩の味がするかも？？
生きるために、なくてはならない塩。
ヨーロッパがひとつの経済共同体になっている今、ドイツはEUの人々のサラリーの足許を支えるユーロ圏の大国のひとつであり続けている。2012年ノーベル平和賞を受賞したEUという統合が、これからもいい塩梅（あんばい）に進んでいけばいいですね。

Cool Japan クール・ジャパン

Leon Gaus ist ein Ukiyo-e-Liebhaber. Er liebt besonders den Ukiyo-e-Künstler Katsushika Hokusai (1760-1849). Ukiyo-e sind nicht nur in Österreich und Deutschland, sondern überall in Europa berühmt. Außerdem sind auch Manga und Anime populär.

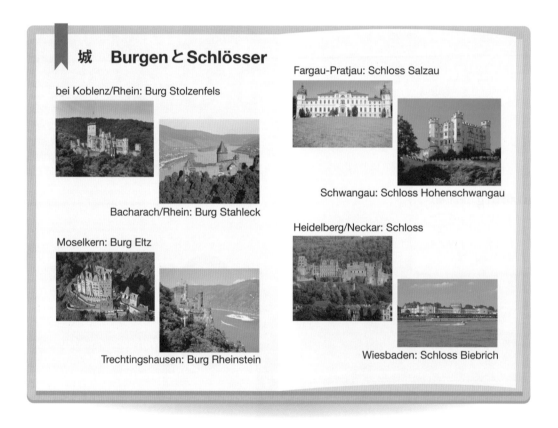

城　**Burgen と Schlösser**

bei Koblenz/Rhein: Burg Stolzenfels

Bacharach/Rhein: Burg Stahleck

Moselkern: Burg Eltz

Trechtingshausen: Burg Rheinstein

Fargau-Pratjau: Schloss Salzau

Schwangau: Schloss Hohenschwangau

Heidelberg/Neckar: Schloss

Wiesbaden: Schloss Biebrich

Verstanden?! ▪

上のドイツ語文を読んで、内容に合っているものを選んでみましょう。

1. レオン・ガウスは浮世絵を趣味で描いています。
2. レオン・ガウスは葛飾北斎の浮世絵が好きです。
3. 浮世絵は世界的にも有名です。
4. 浮世絵は日本でしか流通していません。
5. マンガやアニメは日本でしか流通していません。

Salzburg
塩の交易で栄えてきたザルツブルク

Lektion 1
Lektion 2
Lektion 3
Lektion 4
Lektion 5
Lektion 6
Lektion 7
Lektion 8
Lektion 9
Lektion 10

Festung Hohensalzburg
町のほとんどどこからでも見える南の高台にはホーエンザルツブルク城がある。

Schloss Mirabell
映画「サウンド・オブ・ミュージック」にも登場するミラベル宮殿。2階には壮麗な「マルモーア・ザール（大理石の間）」があり、かつてモーツァルトはそこで演奏をおこなっている。宮殿近くにカラヤンとドップラーの生家がある。

Herbert von Karajan
1908 -1989
20世紀のクラシック音楽界における巨匠。

Getreidegasse
モーツァルトの生家がある、ザルツブルク旧市街の中心となるゲトライデ通り。長い通りではないが、人通りが多く、狭い通りの両側にはたくさんの商店が立ち並んでいる。お店の前に架かっている看板は一見の価値あり！

Johann Christian Doppler
1803-1853
ドップラー効果で知られる物理学者、数学者、天文学者。

Das Große Festspielhaus in Salzburg
毎年夏に開催される世界的に有名なザルツブルク音楽祭、ザルツブルク復活祭音楽祭などの主会場として、オペラ、コンサートの両方に使用される。ステージの大きさは世界最大級。

Grammatik

ドイツ語のきまり

1 動詞の現在人称変化（2）（不規則動詞）

動詞には、主語が2人称単数（du）と3人称単数（er/sie/es）のとき、語幹の母音（幹母音）が変わるものがあります。

不定詞	a → ä タイプ	e → i(e) タイプ	
	fahren （乗物で）行く	sprechen 話す	sehen 見る
ich	fahre	spreche	sehe
du	fährst	sprichst	siehst
er/sie/es	fährt	spricht	sieht
wir	fahren	sprechen	sehen
ihr	fahrt	sprecht	seht
sie/Sie	fahren	sprechen	sehen

特殊なタイプ	
werden （〜に）なる	wissen 知っている
werde	weiß
wirst	weißt
wird	weiß
werden	wissen
werdet	wisst
werden	wissen

Sie **fährt** heute nach Wien. 　彼女は今日ヴィーンへ行きます。
Das **weiß** ich nicht. 　それを私は知りません。

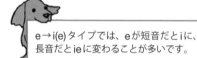
e→i(e)タイプでは、eが短音だとiに、長音だとieに変わることが多いです。

2 命令形

命令形には、相手がdu（君）、ihr（君たち）、Sie（あなた・あなたがた）によって3つの形があります。それぞれ不定詞の語幹に次の語尾をつけて作ります。

相手	命令形のパターン	不定詞		
		gehen	sprechen	sein
du に対して★	語幹 (e)!	Geh!	Sprich!	Sei ......!
ihr に対して★	語幹 (e)t!	Geht!	Sprecht!	Seid ......!
Sie に対して	語幹 en Sie!	Gehen Sie!	Sprechen Sie!	Seien Sie ......!

★ duとihrに対する命令文では主語は省略します。Sieに対しては主語Sieがつきます。
• e→i(e) タイプの不規則動詞は、duに対する命令形でも変音し、語尾-eはつけません。☞95☞

Sei leise, Leon! 　静かにしなさい、レオン。
Geht schnell! 　（君たち、）早く行きなさい。

ミニ練習 --

1　よく使われる不規則動詞です。辞書で調べて ____ に幹母音を入れてみましょう。

CD 28

不定詞	essen 食べる	geben 与える	helfen 助ける	laufen 走る	lesen 読む	nehmen 取る	schlafen 寝る	tragen 運ぶ・身に つけている
du	___sst	g__bst	h__lfst	l___fst	l___st	n__mmst	schl__fst	tr__gst
er/sie/es	___sst	g__bt	h__lft	l___ft	l___st	n__mmt	schl__ft	tr__gt

3 非人称のes

特定の意味を持たず、単なる形だけの主語として用いられるesを**非人称のes**といいます。

1) 天候や時刻を表すとき

Es regnet.　　　雨が降る。　　　　　**Es** ist bald zwölf Uhr.　もうすぐ12時です。

Es ist heute heiß.　今日は暑い。　　　**Es** wird Nacht.　　　　夜になる。

2) 熟語表現

es gibt + 名詞の<u>4格</u>「<u>4格がある</u>」

Es gibt hier ein Schloss.　　　　　　ここにお城があります。

Wo gibt **es** hier Toiletten?　　　　　　トイレはどちらにありますか。
　　　　　　トアレッテン
　　　└─4格の名詞が単数でも複数でもes gibt 〜の形は変わりません。

4 時刻の表現

時刻の表現には24時間制と12時間制があります。交通機関・テレビなど公共の場では24時間制が、日常会話では12時間制が用いられることが多いです。

Wie spät ist es? / Wie viel Uhr ist es?　　何時ですか。

	〈24時間制〉	〈12時間制〉	
Es ist fünfzehn Uhr.	15.00	3.00	Es ist drei.
Es ist fünfzehn Uhr fünf.	15.05	3.05	Es ist fünf nach drei.
Es ist fünfzehn Uhr fünfzehn.	15.15	3.15	Es ist Viertel nach drei.
Es ist fünfzehn Uhr dreißig.	15.30	3.30	Es ist halb vier.
Es ist fünfzehn Uhr fünfundvierzig.	15.45	3.45	Es ist Viertel vor vier.

nach	〜すぎ
vor	〜前
halb	1/2 = 30分
Viertel	1/4 = 15分

「4時の方へ30分進んだ」という意味。すでに消え失せた時間ではなく、前で待機している時刻をあてるのがドイツ流。

2　時刻を表してみましょう。

　　　　　24時間制で　　　　　　　　　　　　12時間制で

21.35
1) Es ist _____.

4.10
3) Es ist _____.

23.51
2) Es ist _____.

6.30
4) Es ist _____.

単語を覚えよう

のりもの
Fahrzeuge

CD 30

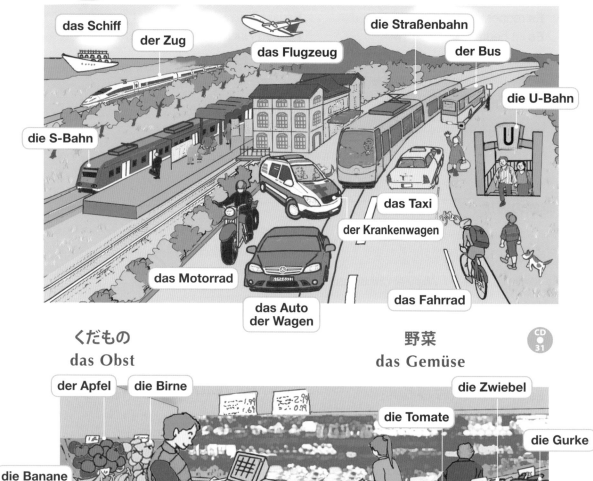

das Schiff

der Zug

das Flugzeug

die Straßenbahn

der Bus

die U-Bahn

die S-Bahn

das Taxi

der Krankenwagen

das Motorrad

das Fahrrad

das Auto
der Wagen

くだもの
das Obst

野菜
das Gemüse

CD 31

der Apfel — die Birne

die Zwiebel

die Tomate

die Gurke

die Banane

die Zitrone

die Möhre

die Traube

der Kohl

die Kartoffel

🔍 Lupe ■■■■■■■■■■■■■■■■■■■■■■■■ 並列の接続詞 ■■■■■■■■■■■■■

CD 32

aber しかし	denn というのは	oder それとも
und そして	sondern そうではなくて	(nicht A, sondern B　AではなくてB)

並列の接続詞は、文頭に置かれても定動詞の位置に影響を与えず、**主語＋定動詞**の順になります。

　　Ich habe keinen Bruder. **Aber** er hat zwei Brüder.　　私には兄弟はいません。しかし彼には二人います。
　　　　　　　　　　　　　　主語　定動詞

　　Die Mutter liest. **Und** der Sohn spielt.　　母は読書をしています。そして息子は遊んでいます。
　　　　　　　　　　　　主語　　　定動詞

Übungen

1 ( ) 内の動詞を現在人称変化させて ＿＿＿ に入れてみましょう。☞ **1**

1) Paul ＿＿＿＿＿＿ gern Fahrrad. (fahren)　　パウルは自転車に乗るのが好きです。

2) ＿＿＿＿＿＿ du den Fernsehturm dort? (sehen)　　君はあそこのテレビ塔が見える？

3) Sie ＿＿＿＿＿＿ den Zug um 9.00 Uhr. (nehmen)　　彼女は9時に列車に乗ります。

4) Mia ＿＿＿＿＿＿ morgens Obst. (essen)　　ミーアは朝に果物を食べます。

5) Er ＿＿＿＿＿＿ sehr schnell. (laufen)　　彼は走るのがとても速いです。

6) Was ＿＿＿＿＿＿ du denn? (werden)　　君はいったい何になるの？

7) Ich ＿＿＿＿＿＿ das schon. (wissen)　　私はそのことをもう知っています。

2 ( ) 内の動詞を命令形にして ＿＿＿ に入れてみましょう。☞ **1 2**

1) ＿＿＿＿＿＿ Sie gut, Frau Bauer! (schlafen)　　ぐっすりお休みください、バウアーさん。

2) ＿＿＿＿＿＿ den Bus! (nehmen)　　君たち、バスを使いなさい。

3) ＿＿＿＿＿＿ doch mehr Gemüse! (essen)　　君、もっと野菜を食べなさい。

4) Klaus, ＿＿＿＿＿＿ den Text laut! (lesen)　　クラウス、テキストを大きな声で読みなさい。

3 ＿＿＿ に指示された時刻を入れてみましょう。☞ **3 4**

1) Wie spät ist es jetzt?　　今何時ですか。

　　– Es ist halb ＿＿＿＿＿＿. (1時30分)

2) Wann kommst du nach Hause?　　いつ帰宅するの？

　　– Ich komme gegen ＿＿＿＿＿＿ Uhr nach Hause. (6時頃)

3) Um wie viel Uhr beginnt der Unterricht?　　何時に授業は始まりますか。

　　– Um ＿＿＿＿＿＿ Uhr ＿＿＿＿＿＿ beginnt er. (9時45分に)

正しく並べ替えよう

1) Frau Becker (gut / Japanisch / spricht / sehr).　　ベッカー夫人は日本語がとても上手です。

2) Sprechen (deutlich / bitte / und / langsam / Sie)!　　ゆっくり、しかもはっきり話してください。

3) Gibt (hier / Zitronen / es)?　　ここにレモンはありますか。

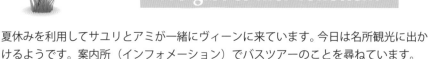

ヴィーン市街で

Wo gibt es hier Toiletten?

夏休みを利用してサユリとアミが一緒にヴィーンに来ています。今日は名所観光に出かけるようです。案内所（インフォメーション）でバスツアーのことを尋ねています。

  ： Grüß Gott! Gibt es Busausflüge?

 ： Ja, z.B. gibt es einen Ausflug nach Schloss Belvedere und Schloss Schönbrunn. Er dauert fünf Stunden.

 ： Das klingt interessant. Komm Ami, fahren wir! Wann ist die Abfahrtszeit?

 ： Um 9.00 Uhr.

 ： Danke! Entschuldigung, wo gibt es hier Toiletten?

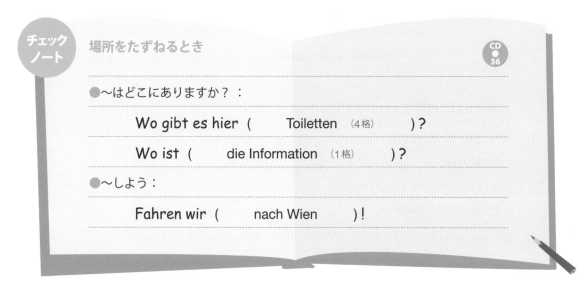

チェックノート

場所をたずねるとき

CD 36

●〜はどこにありますか？ ：

Wo gibt es hier （　　Toiletten　（4格）　）?

Wo ist （　　die Information　（1格）　）?

●〜しよう：

Fahren wir （　　nach Wien　）!

ミニ会話　━━━━━━━━━━━━━━━━━━━　「〜しよう」　━━━━━━━━━━━━━━━━━━━━

wir を主語にして、〈 -en ＋ wir 〜！〉の形で「〜しよう」という勧誘の表現になります。

Tee　　　　　　　Kaffee　　　　　den Zug　　　　die Straßenbahn

Trinken wir 〜！　　　　　Nehmen wir 〜！

Bier　　　　　　　Wein　　　　　das Taxi　　　　　das Schiff

浮きうき
クールな都

Wien
文化と芸術の都、ヴィーン。
ハプスブルク家の統治650年の賜物。

Gustav Klimt
(1862-1918)

Schloss Belvedere
城内ではクリムトの絵画を見ることができる。

1897年に**クリムト**が中心となりウィーン分離派を結成し、総合的な芸術運動を目指した。

der Kuss

die Liebe

クリムトの金箔を多用した**浮世離れ**した絵画は、日本の琳派や蒔絵などの工芸品からの影響が色濃く反映されている。「金」は、古代から永遠の象徴であるが、クリムトは金を使うことによって、作品に永遠の命を与えた。『接吻』は、門外不出の作品。

葛飾**北斎**（1760-1849）の浮世絵やスケッチなどは、その主題の身近さやデザインの斬新さ、平面性（絵の中の一部や工芸品に描きやすい）ゆえに、当時の海外の多くの芸術家に影響を与え、**ジャポニスム**を巻き起こした。

葛飾北斎 北斎漫画
十三編

浮世（うきうきした世）は憂世（辛くはかない現世）から転じてできた言葉

葛飾北斎 北斎漫画
二編

Schloss Schönbrunn
世界遺産に指定されていて、庭園には日本庭園もある。

ヴィーンには、日本の文化を受容している面も見られる。その点では、**浮世離れ**していないかも？？

こぼれ話

当時の浮世絵版画は、お蕎麦一杯と値段はほぼ同じだったという。お蕎麦の値段は、落語の『時そば』（関西地区では『時うどん』となるが）という噺（はなし）に出てくるように、一杯16文だった（現在の320円位に相当するというと、立ち喰いそばの値段とほぼ同じですね）。お蕎麦一杯分もかからずに、今はネットで世界中の文化・芸術に触れることができる。浮世絵に限らず、日本の文化・芸術・文学・マンガ・アニメなどは、世界に影響を与え続けている。
日本発の文化が世界に流布している、まさしくクール・ジャパンですね。

葛飾北斎 冨嶽三十六景 神奈川沖浪裏

Lektion 1
Lektion 2
Lektion 3
Lektion 4
Lektion 5
Lektion 6
Lektion 7
Lektion 8
Lektion 9
Lektion 10

Wien 心と体を満たしてくれるヴィーン

Wien ist international bekannt als Hauptstadt der Kultur und Kunst. Dort gibt es Theater, Opern und Museen. Aber Wien hat auch viele Kaffeehäuser. Daher gilt Wien auch als Stadt der Kaffeekultur. Fliegen Sie doch einmal nach Wien, besichtigen Sie dort viele Sehenswürdigkeiten und genießen Sie Kaffee und Kuchen! Übrigens heißt in Wien der „Wiener-Kaffee" „Melange".

ハプスブルク家 Haus Habsburg

―ヨーロッパを制した顔―

「戦争は他家に任せておけ。幸いなオーストリアよ、汝は結婚せよ。」
13世紀から20世紀前半にいたるまで、約650年にもわたってオーストリアを統治した王家である。政略結婚により、ヨーロッパ各地へ領土を拡げていった。

オーストリア人が「ハプスブルク家の唇 Habsburger Unterlippe」と呼んでいる下唇が出ている遺伝的な特徴（「下顎前突」という顎の変形）も代々受け継がれていった。

Verstanden?!

上のドイツ語文を読んで、内容に合っているものを選んでみましょう。

1. ヴィーンはオーストラリアの首都です。
2. ヴィーンには劇場や博物館があります。
3. ヴィーンはコーヒー豆の産地です。
4. ヴィーンはコーヒー文化の都市です。
5. ヴィーンのウインナーコーヒーはとてもおいしい。

Wien
黄金に彩られた都ヴィーン

Kunsthistorisches Museum, Wien
ハプスブルク王朝の帝都であったヴィーンには多種多様な美術館や博物館がある。
日本とは違い、たいていの美術館では、展示している絵などを模写したり写真に撮ることができる。

Wiener Staatsoper
世界で最も有名な歌劇場の一つ。
毎日演目が変わるのも魅力。

劇場前のタイルには、歴代の指揮者のサインもある。

Stephansdom
ヴィーンのシンボルで、観光名所のひとつ。

Kirche am Steinhof
ヴィーンの森の中腹にあるシュタインホーフ教会。
シェーンブルン宮殿からも見ることができる。
ユーゲントシュティール様式の教会で、ヴィーン世紀末建築の第一人者オットー・ワーグナーの代表作。

Kaffeekultur
ヴィーンには数え切れないほどのカフェがある。そこでは、ヨーロッパの飲食店では珍しく、ほとんどの店が水を無料で出してくれる。飲料水に誇りを持っているヴィーンっ子の自信のあらわれ！

Verkehrslage
ヴィーンには地下鉄、バス、電車など多種多様なのりものがある。これらすべての交通機関は一枚の切符で目的地まで乗り継いで行ける。市電やバスでも2両以上連結している光景は新鮮！馬車も走っています。

Heurige
ホイリゲと呼ばれるワイン酒場もヴィーンっ子の生活空間。休日にはお昼からワインで乾杯！

Lektion 1　Lektion 2　Lektion 3　Lektion 4　Lektion 5　Lektion 6　Lektion 7　Lektion 8　Lektion 9　Lektion 10

Grammatik

1 定冠詞類

dieser（この）などの語は、冠詞と同じように名詞の前につけて用いられます。これらの語は定冠詞（der/die/das/die）と似た語尾変化（☞ 18, 19☞）をするので**定冠詞類**と呼ばれます。単独で名詞的に使われることもあります。

dieser	この	jener	あの	solcher	そのような
welcher	どの（疑問文で）	jeder	どの〜も（単数形のみ）	aller	すべての

	男　性	女　性	中　性	複　数
1格	dieser Mann	diese Frau	dieses Kind	diese Kinder
2格	dieses Mann(e)s	dieser Frau	dieses Kind(e)s	dieser Kinder
3格	diesem Mann	dieser Frau	diesem Kind	diesen Kindern
4格	diesen Mann	diese Frau	dieses Kind	diese Kinder

• 中性1・4格の語尾は、定冠詞の語尾と異なるので注意。

Dieser Pullover ist warm. このセーターは暖かいです。　　Ich nehme **diesen** hier. これをもらいます。

2 不定冠詞類

mein（私の）などの所有を表す所有冠詞や、否定を表す否定冠詞kein（ひとつも〜ない）も名詞の前につけて用いられます。これらの語は不定冠詞（ein-）と同じ語尾変化（☞ 18☞）をするので**不定冠詞類**と呼ばれます。

所有冠詞						否定冠詞
mein 私の	dein 君の	sein 彼の	ihr 彼女の	sein その	Ihr あなたの	kein ひとつも〜ない
unser 私たちの	euer 君たちの	ihr 彼らの／彼女らの／それらの			Ihr あなたがたの	

	男　性	女　性	中　性	複　数
1格	mein Mann	meine Frau	mein Kind	meine Kinder
2格	meines Mann(e)s	meiner Frau	meines Kind(e)s	meiner Kinder
3格	meinem Mann	meiner Frau	meinem Kind	meinen Kindern
4格	meinen Mann	meine Frau	mein Kind	meine Kinder

• 複数は定冠詞類と同じ格変化になります。
• unser, euerは語幹の -e が脱落することがあります。☞95☞

Mein Bruder ist Student.　　私の兄は大学生です。

 ミニ練習 -

1　次の冠詞類＋名詞を格変化させてみましょう。

CD 38

1格	jeder Hund	welche Blume	dein Haus	uns(e)re Autos
2格				
3格				
4格				

3　人称代名詞の３格と４格

	単数					複数			敬称
	1人称	2人称	3人称			1人称	2人称	3人称	2人称
1格 〜は／が	ich 私	du 君	er 彼	sie 彼女	es それ	wir 私たち	ihr 君たち	sie 彼ら／彼女ら／それら	Sie あなた（がた）
3格 〜に	mir	dir	ihm	ihr	ihm	uns	euch	ihnen	Ihnen
4格 〜を	mich	dich	ihn	sie	es	uns	euch	sie	Sie

Ich danke **Ihnen** für die Hilfe.　　手を貸してくださってありがとうございます。

Ich kenne **ihn** schon lange.　　私は彼をもうとっくに知っています。

Er hilft **ihr**.　　　　彼は彼女を手伝います。

Er fragt **sie**.　　　　彼は彼女に尋ねます。

* ドイツ語の１格から４格は「〜は／が、〜の、〜に、〜を」に相当しますが、動詞によってはそれが当てはまらない場合があります。たとえば、helfen（〜を手伝う、助ける）は目的語に**３格**を、fragen（〜に尋ねる）は**４格**をとるので注意して下さい。

> 3格の目的語をとる重要動詞
> gefallen　〜 の気に入る (人3格)
> 　　Die Stadt **gefällt** mir gut.
> 　　私はこの町が気に入っています。
> gehören　〜 のものである (人3格)
> 　　Das Buch **gehört** mir.
> 　　この本は私のものです。

4　３格と４格の語順

1) 両方とも名詞の場合 → ３格 ＋ ４格

　Ben schreibt　seiner Schwester　einen Brief .　　ベンは妹に手紙を書きます。

2) 両方とも人称代名詞の場合 → ４格 ＋ ３格 の順

　Ben schreibt　ihn　ihr .

3) 一方が人称代名詞、他方が名詞の場合 → 格に関係なく 代名詞 ＋ 名詞 の順

　Ben schreibt　ihr　einen Brief .

　Ben schreibt　ihn　seiner Schwester .

* ３人称の人称代名詞は１格・３格・４格ともに**人・もの**に**関係なく名詞の性・数に応じて**用います。☞ 19

> 人３格＋物４格の目的語をとる他動詞で、よく使われるものです。
> bringen 持っていく　　geben 与える
> schenken 贈る　　　　schicken 送る
> zeigen 示す　　　　　erklären 説明する

CD 39

2　_____に人称代名詞を入れてみましょう。

1) Ich danke _____.　　　　私は彼に感謝しています。

2) Ken liebt _____.　　　　ケンは彼女を愛しています。

3) Er hilft _____ heute.　　彼は今日私を手伝ってくれます。

4) Ich schenke _____ ein Buch.　私は君に一冊の本を贈ります。

身につけるもの
die Kleidung
CD 40

- die Bluse
- der Rock
- die Jacke
- der Pullover
- die Hose
- der Mantel
- das Hemd
- die Krawatte
- das Kleid
- die Schuhe (複数)
- das T-Shirt

家族
die Familie
CD 41

- Großeltern (複数)
- Eltern (複数)
- Mutter
- Großvater
- Großmutter
- Tante
- Onkel
- Vater
- Sohn
- Kinder (複数)
- Tochter
- Bruder
- Schwester
- Geschwister (複数)

Lupe ----------------------- keinとnichtの使い分け -----------------------
CD 42

① 不定冠詞つきの名詞・無冠詞の名詞を否定する場合　→　**kein**を用いる

Ich habe ein Auto. → Ich habe **kein** Auto.　　私は車を持っていません。

Ich habe Hunger. → Ich habe **keinen** Hunger.　　私は空腹ではありません。

② 定冠詞（類）・所有冠詞つきの名詞を否定する場合　→　**nicht**を用いる

Ich kaufe das Auto. → Ich kaufe das Auto **nicht**.　　私はその車を買いません。

Das ist mein Auto.　→ Das ist **nicht** mein Auto.　　これは私の車ではありません。　　(☞96ページ)

Übungen

1 定冠詞類の語尾を ___ に入れてみましょう。 ☞ **1**

1) Dies___ Rock ist teuer, aber jen___ Rock ist preiswert.
このスカートは高いです、でもあのスカートは割安です。

2) Welch___ Jacke nimmst du? – Ich nehme dies___ Jacke hier.
どのジャケットを買うの？　　　　　　―ここのこのジャケットにするわ。

3) All___ T-Shirts hier sind gut.　Max nimmt dies___ T-Shirt.
ここのTシャツはみな品質がいいです。マックスはこのTシャツを買います。

4) Ich nehme nicht dies___, sondern jen___ Schuhe.
私はこの靴ではなく、あの靴を買います。

2 不定冠詞類の語尾を ___ に入れてみましょう。不要な場合は×を入れましょう。 ☞ **2**

1) Mein___ Schwester trägt eine Brille.　　　　　私の妹はメガネをかけています。

2) Ich kenne dein___ Bruder gut.　　　　　　　　君のお兄さんをよく知っているよ。

3) Sein___ Tochter hat jetzt Sommerferien.　　　彼の娘は今夏休み中です。

4) Sabine fotografiert ihr___ Vater.　　　　　　ザビーネは彼女の父の写真を撮ります。

5) Mein___ Tante hat zwei Kinder.　　　　　　　私のおばには子供が2人います。

6) Jetzt habe ich kein___ Durst.　　　　　　　　今私はのどは渇いていません。

3 人称代名詞を ___ に入れてみましょう。 ☞ **3 4**

1) Dankt Ben seinen Eltern?
　– Ja, er dankt _____.　　　　　　　はい、彼は彼らに感謝しています。

2) Was bringt Anna ihrem Vater?
　– Sie bringt _____ eine Zeitung.　　彼女は彼に新聞を持っていきます。

3) Fragen Sie Ihren Großvater oft?
　– Ja, ich frage _____ oft.　　　　　はい、私は彼によく質問します。

4) Gefällt deiner Mutter dieser Pullover?
　– Ja, er gefällt _____ sehr.　　　　はい、彼女はそれをとても気に入っています。

ドイツ語文にしてみよう ━━━━━━━━━━━━━━━━━━━━━━━━

1) 私のおじを知ってる？

_____ ?

2) 私のおばには息子が一人と娘が一人います。

_____ .

3) 君のおばあさんはどこに住んでいるの？

_____ ?

ハンブルクで買い物

Was kostet das?

ハンブルク
Hamburg

ハンブルクで暮らす日本人のミカが、市街の店で日本にいる弟におみやげを買います。

 : Guten Tag, haben Sie T-Shirts?

 : Ja, die T-Shirts sind hier.

 : Oh, dieses T-Shirt gefällt mir gut! Was kostet das?

 : Das kostet 15 € (fünfzehn Euro).

 : Das ist nicht teuer. Gut, das nehme ich.

チェックノート

買い物をするとき

CD 46

●〜はありますか？ (4格)　　: Haben Sie (　　T-Shirts　　)?

●いくらですか？　　: Was kostet das? / Wie viel kostet das?

●これをいただきます。　: Das nehme ich.

ミニ会話 ----------------------------------- 「〜はいくらですか」 -----------------------------------

「〜はいくらですか」と尋ね、「〜は…ユーロです」と答えるやりとりを練習してみましょう。
（数詞は ☞ 90㌻）

Was kostet der Pullover?　　　　– Der kostet 50 € (Euro).

Was kostet die Bluse?　　　　　 – Die kostet 40 € (Euro).

Was kostet das Hemd?　　　　　 – Das kostet 30,50 € (Euro).

　　1,00 € = ein Euro（Euro は男性名詞）　3,50 Euro = drei Euro fünfzig (Cent)

ハンスと太郎
名前のあれこれ

ハンザ（Hansa）とは、聖ヨハネス（Johannes）を略した男子名「**ハンス**（Hans）」の古い複数形に由来する。ハンスは日本語の「太郎」みたいなもので、ドイツでもっともポピュラーな名前のひとつだ。ハンザは交易に携わる港町の「太郎たち」「男衆」の意味から、やがて貿易利権を独占・保護する商業組合を意味するようになった。

ドイツ第2の都市ハンブルクの正式名は「自由**ハンザ**都市ハンブルク」。リューベック、ブレーメンと共にハンザ同盟に属し、周辺国との貿易で栄えた。「世界への扉」として、自由でコスモポリタン的な気風を誇りとしてきた町だ。

ドイツで人気のある名前（2023年）

女の子	男の子
1. Emilia （エミリア）	1. Noah （ノア）
2. Emma （エマ）	2. Matteo （マッテオ）
3. Sophia/Sofia （ゾフィア）	3. Elias （エリアス）
4. Hannah/Hanna （ハナ）	4. Leon （レオン）
5. Mia （ミア）	5. Paul （パウル）

＊beliebte-vornamen.deによる。

日本で人気のある名前（2023年）

女の子	男の子
1. 陽葵 （ひまり）	1. 蓮 （れん）
2. 凛 （りん）	2. 碧 （あお）
3. 翠 （すい）	3. 陽翔 （はると）
4. 紬 （つむぎ）	4. 湊 （みなと）
5. 結菜 （ゆいな）	5. 蒼 （あおい）

＊「たまひよ」による。

50年前はThomas（男）、Susanne（女）が第1位でしたが、近年はドイツ人らしい名前よりも、音の響きがよく、個性的で、英語圏にも通じる名前が好まれているようです。またドイツでは名前を聞いて性別が分かることが大切。女性名は一般にaやeの音で終わることが多いです。

日本では、包容力や思いやりが感じられる名前が好まれています。日本語の名前は漢字を見れば意味がだいたいわかりますね。コミックなどのキャラクター名から取られるのも日本人の名前の特徴かも…。

こぼれ話

ドイツ人の名字（Familienname）の多くは、先祖の出身地、居住地、あだ名、職業名などに由来する。もっとも多いのは職業に由来する名字だ。ドイツ人に多い名字ベスト3。第1位ミュラー（Müller）は「製粉業者（Müller）」に、第2位シュミット（Schmidt）は「鍛造する（schmieden）人、鍛冶屋」に、第3位シュナイダー（Schneider）は「裁断する（schneiden）人、仕立屋」に由来する。

ちなみに、科学者アインシュタイン（Einstein）は「一つの石（ein Stein）」、音楽家バッハ（Bach）は「小川」、ベートーヴェン（Beethoven）は「カブ（Beete）農場（Hof）」、モーツァルト（Mozart）はアレマン語motzenの由来で「泥の中を走り回って働く」、元サッカー選手のベッケンバウアー（Beckenbauer）は「パン職人（Bäcker）でもある農夫（Bauer）」という意味だ。あなたの名字の由来は？

Porträt meiner Familie 家族のプロフィール

CD 47

Ich heiße Jürgen Klein und wohne in Hamburg. Mein Vater Otto betreibt ein Hotel. Er ist groß. Meine Mutter Mika ist Japanerin. Ihre Augen und Haare sind schwarz. Sie backt manchmal Kuchen. Ihre Kuchen sind lecker. Meine Schwester Sabine ist dick. Sie liest gern Manga. Sie besucht oft das Miniatur Wunderland Hamburg.

反対語のいろいろ

gut よい	⇔	schlecht 悪い	früh 早い	⇔	spät 遅い
lang 長い	⇔	kurz 短い	groß 大きい	⇔	klein 小さい
neu 新しい	⇔	alt 古い	teuer 高い	⇔	billig 安い
leicht 軽い	⇔	schwer 重い	schnell 速い	⇔	langsam 遅い
heiß あつい	⇔	kalt 寒い・冷たい	warm 暖かい	⇔	kühl 涼しい
dick 太い	⇔	dünn 細い	fleißig 勤勉な	⇔	faul 怠惰な

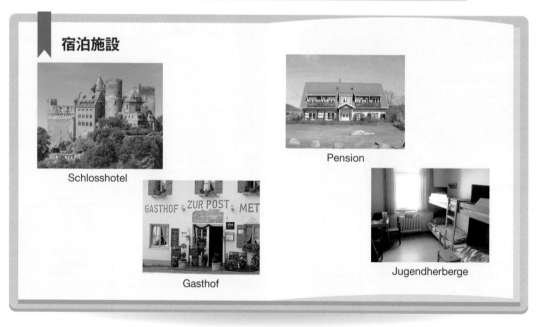

宿泊施設

Schlosshotel

Pension

Gasthof

Jugendherberge

Verstanden?!

上のドイツ語文の内容に合っているものを2つ選んでみましょう。

1. Jürgen hat einen Bruder.
2. Sein Vater ist Lehrer.
3. Die Augen seiner Mutter sind schwarz.
4. Jürgen backt manchmal Kuchen.
5. Sabine liest gern Manga.

ハンザ都市
ハンブルクとブレーメン

ハンブルクはマスメディアの中心地。高質の週刊新聞 Die Zeit やドイツのメディアをリードする週刊誌 Der Spiegel などの本社があり、ドイツのメジャー誌の大半がハンブルクで発行されている。

Miniatur Wunderland Hamburg

「ミニチュア・ワンダーランド」は世界の風景を 1/87 スケールで再現するジオラマ・テーマパーク。鉄道、空港、ハンブルク港、サッカースタジアム、各国の風景などが実にリアルに再現されている。

Fischmarkt

日曜の朝は、1703年に始まったフィッシュ・マルクト（魚市場）をぜひ覗いてみよう。魚だけでなく、骨董品やソーセージなど多彩な店が並ぶ。

Hamburg-Altstadt

（アルトシュタット＝旧市街）美しい運河を散策して、聖ミヒャエル教会も見物してみてはいかが。

Hamburger Rathaus

ハンブルク市庁舎は1898年に完成したドイツルネサンス様式の建物。内部も見学できる。

Marktplatz
（マルクト広場）

ブレーメンはヴェーザー河畔に位置し、14世紀にハンザ同盟に参加した都市。人口は約55万人で、北ドイツではハンブルクに次いで2番め。町の中心には世界遺産の市庁舎とローラント像がある。もちろん街のもうひとつのシンボル、ブレーメンの音楽隊の像も。

St. Petri Dom（聖ペトリ大聖堂）

マルクト広場の東側にそびえるゴシック様式の大聖堂。2つの尖塔が特徴的だ。内部のステンドグラスも素晴らしい。

Das Schnoorviertel
（シュノア街）

ブレーメン旧市街の南側にある 400〜500 年前の職人街。古い家並や細い通りが、かつてのブレーメンの風情をかもしだしている。

Böttcherstraße
（ベットヒャー通り）

この通りは、コーヒー貿易で財をなしたロゼリウスが私財を投じて地元の芸術家に造らせたもの。レンガ造りの建物が続く。

Lektion 1
Lektion 2
Lektion 3
Lektion 4
Lektion 5
Lektion 6
Lektion 7
Lektion 8
Lektion 9
Lektion 10

Grammatik

ドイツ語のきまり

1 前置詞の格支配

前置詞は一定の格の名詞・代名詞と結びつきます。前置詞が名詞・代名詞の格を決めるので、これを**前置詞の格支配**といいます。格支配には4種類があります。（2格と結びつく前置詞（2格支配）☞ 96🐭）

1）3格支配の前置詞

aus ～（の中）から	**bei** ～の所で	**mit** ～と一緒に，～で	**nach** ～（地名）へ，～のあと
seit ～以来	**von** ～から，～の	**zu** ～（人物・建物・催し）へ	など

aus dem Haus	家から	**mit** dem Zug	列車で
von Bremen **nach** Berlin	ブレーメンからベルリンへ	**zu** meiner Tochter	私の娘の所へ

2）4格支配の前置詞

durch ～を通って	**für** ～のために，～にとって	**ohne** ～なしで	**um** ～のまわりに，～時に	など

durch den Park	公園を通って	**für** die Kinder	子供たちのために
ohne ein Wort	一言も言わないで	**um** 9 Uhr	9時に

3）3・4格支配の前置詞

an ～に／へ（接して）［上面以外の接触］		**auf** ～の上に／へ［上面での接触］	
hinter ～の後ろに／へ	**in** ～の中に／へ	**neben** ～の横に／へ	**über** ～の上方に／へ
unter ～の下に／へ	**vor** ～の前に／へ	**zwischen** ～の間に／へ	9語のみ

・3・4格支配の前置詞の使い方

a 動作の行われる**場所**を示すとき → **3格**支配
＜**wo?** どこに（で）＞

Wo bist du?	どこにいるの？
Ich bin **in** der Schweiz.	スイスにいるよ。

b 動作の向かう**方向**を示すとき → **4格**支配
＜**wohin?** どこへ＞

Wohin fährst du?	どこへ行くの？
Ich fahre **in** die Schweiz.	スイスへ行くよ。

ミニ練習 ----------

1 3・4格支配の前置詞を入れてみましょう。

① （　　　　　）
④ （　　　　　）
③ （　　　　　）
② （　　　　　）
⑨ （　　　　　）
⑤ （　　　　　）
⑥ （　　　　　）
⑦ （　　　　　）
⑧ （　　　　　）

2　前置詞と定冠詞の融合形

定冠詞の指示的意味（「その」）が弱い場合、前置詞と定冠詞とが融合するものがあります。

| an dem → **am** | an das → **ans** | bei dem → **beim** | in dem → **im** |
| in das → **ins** | von dem → **vom** | zu dem → **zum** | zu der → **zur**　など |

| **am** Fenster | 窓ぎわに | **ans** Meer | 海辺へ | **beim** Frühstück | 朝食のさいに |
| **im** Kaufhaus | デパートで | **zur** Uni | 大学へ | **zum** Arzt | 医者へ |

Ich gehe in das Theater.　→　Ich gehe **ins** Theater.
私はその芝居を観に行きます。　　　　私は芝居を観に行きます。

時を表す表現

● 「朝／昼／晩に」「～曜日／週末に」**am~** : am Morgen / Mittag / Abend, am Sonntag
　「月・季節」**im~** : im Mai, im Sommer / Winter

Am Abend geht Ben mit seiner Freundin **ins** Kino.　晩にベンはガールフレンドと映画に行きます。

3　疑問代名詞werとwasの格変化

	誰(英：*who*)	何(英：*what*)
1格　～は／が	wer	was
2格　～の	wessen	—
3格　～に	wem	—
4格　～を	wen	was

Wer ist der Mann?　　　　　その男性は誰ですか。
Wessen Hut ist das?　　　　それは誰の帽子ですか。
　　　　2格は前から後ろの名詞を修飾します。
Wem gehört die Jacke da?　そこの上着は誰のですか。
Wen besuchen Sie?　　　　誰を訪問するのですか。

Was bist du [von Beruf]?　職業は何？
Was suchst du?　　　　　　何を探しているの？

2　適切な前置詞と定冠詞の融合形を [　　　] の中から選んで .... に入れてみましょう。

　　　[　im　　ans　　ins　　am　　zur　]

1) Anna geht .... Fenster.　　　　　　　アンナは窓ぎわに行きます。

2) Ich fahre mit dem Fahrrad .... Schule.　私は自転車で学校へ行きます。

3) Heute Mittag essen wir .... Restaurant.　今日の昼、私たちはレストランで食事をします。

4) .... Samstag geht Peter .... Konzert.　土曜日にペーターはコンサートへ行きます。

単語を覚えよう

街
In der Stadt.

CD 49

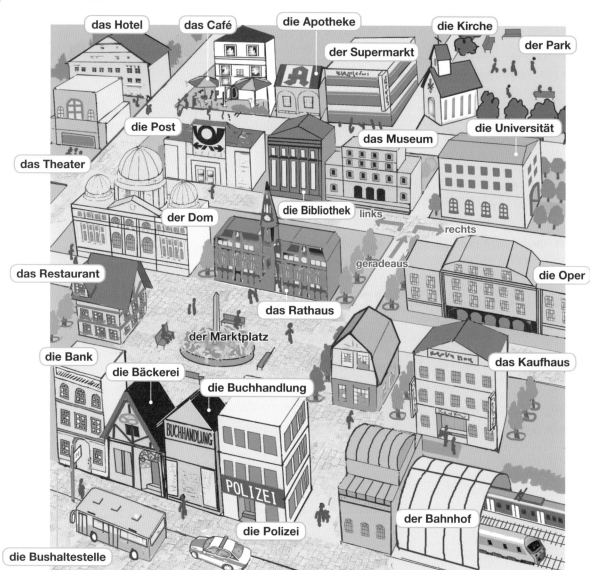

- das Hotel
- das Café
- die Apotheke
- die Kirche
- der Supermarkt
- der Park
- die Post
- das Museum
- die Universität
- das Theater
- der Dom
- die Bibliothek
- links
- rechts
- geradeaus
- das Restaurant
- das Rathaus
- die Oper
- der Marktplatz
- die Bank
- die Bäckerei
- die Buchhandlung
- das Kaufhaus
- BUCHHANDLUNG
- POLIZEI
- der Bahnhof
- die Polizei
- die Bushaltestelle

Lupe ━━━━━━━━━ 特定の前置詞と結びつく動詞・形容詞 ━━━━━━━━━

CD 50

動詞や形容詞の中には、特定の前置詞と結びついて熟語のような意味になるものがあります。

人・物4格				人・物4格		

an 〜 denken 〜(のこと)を考える・思う   auf 〜 warten 〜を待つ

〜 für … danken 〜に…(の)礼を言う   mit 〜 zufrieden sein 〜に満足している

〜 nach … fragen 〜に…(のこと)を尋ねる   auf 〜 stolz sein 〜(のこと)を誇りにしている

Ich **denke** immer **an** meine Heimat. 私はいつも故郷のことを思っています。

Ich **danke** dir **für** deine Mail. メールをありがとう。

Sie **wartet** schon lange **auf** ihn. 彼女はもうずっと前から彼を待っています。

Übungen

1 適切な前置詞を〔　〕の中から選んで ＿＿＿＿ に入れてみましょう。☞ 1 3

〔　bei　　ohne　　für　　in　　mit　　nach　〕

1) Gibt es hier ＿＿＿＿ der Nähe eine Apotheke?　　　（この近くに）

2) ＿＿＿＿ der Prüfung gehe ich ins Theater.　　　（試験のあと）

3) Herr Bauer geht ＿＿＿＿ seine Frau in die Oper.　　　（奥さんを連れないで）

4) ＿＿＿＿ wem tanzt Max heute Abend?　　　（誰と一緒に）

5) Seit April arbeitet Maria ＿＿＿＿ der Bank.　　　（銀行で）

6) ＿＿＿＿ wen kaufst du das Geschenk?　　　（誰のために）

2 格に注意して適切な定冠詞を ＿＿＿＿ に入れてみましょう。☞ 1

1) Ein Mann steht jetzt an ＿＿＿＿ Bushaltestelle.　　　（バス停のところに）

2) Taro stellt das Gepäck neben ＿＿＿＿ Busfahrer.　　　（バスの運転手の横に）

3) Am Sonntag geht Paul in ＿＿＿＿ Kirche.　　　（教会へ）

4) Anna ist mit ihrer Mutter in ＿＿＿＿ Schweiz.　　　（スイスに）

3 意味が通じるように左と右の文をつなげてみましょう。☞ Lupe

1) Sie fragt ihn　　　　　　　　A　auf seine E-Mail.

2) Ich denke oft　　　　　　　　B　nach seiner Zukunft.

3) Er ist　　　　　　　　　　　C　auf ihre Kinder sehr stolz.

4) Wir danken Ihnen herzlich　　D　mit dem Hotel zufrieden.

5) Sie wartet jetzt　　　　　　　E　an meine Jugend.

6) Meine Tante ist　　　　　　　F　für Ihre Hilfe.

ドイツ語文にしてみよう

1) 火曜日に私は友達と博物館へ行きます。

＿＿＿＿＿＿＿＿＿＿＿＿＿＿＿＿＿＿＿＿＿＿＿＿＿＿＿＿＿＿＿＿＿＿

2) 君は何をさがしているの？　　スーパーマーケットをさがしているんだよ。

＿＿＿＿＿＿＿＿＿＿＿＿＿＿＿＿＿＿＿＿＿＿＿＿＿＿＿＿＿＿＿＿＿＿

3) 授業のあと、彼女は図書館で勉強します。（ der Unterricht ）

＿＿＿＿＿＿＿＿＿＿＿＿＿＿＿＿＿＿＿＿＿＿＿＿＿＿＿＿＿＿＿＿＿＿

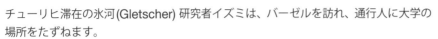

バーゼルで

Wie komme ich zur Uni?

バーゼル Basel

チューリヒ Zürich

チューリヒ滞在の氷河(Gletscher)研究者イズミは、バーゼルを訪れ、通行人に大学の場所をたずねます。

 CD 53

 : Entschuldigung, wie komme ich zur Universität?

 : Zur Uni? Gehen Sie hier geradeaus und dann links! Sie ist neben der Post.

 : Alles klar. Vielen Dank!

 : Tschüs!

チェックノート 行きかたをたずねるとき

CD 54

● ～へはどう行ったらいいでしょうか？：

Wie komme ich (zum Dom   )?

● まっすぐ／左へ／右へ行ってください！：

Gehen Sie geradeaus / [nach] links / [nach] rechts!

● この近くに～はありますか？：

Gibt es hier in der Nähe (ein Cáfe   )?

 ミニ会話 ・・・・・・・・・・・・・・・・・・・・・ 場所をたずねる ・・・・・・・・・・・・・・

下線部を入れ替えて練習してみましょう。

Wie komme ich **zur Universität** ? (zur Bank / zum Rathaus)

▶ Gehen Sie _____!

Sie ist _____.

（1） neben dem Dom

（2） vor dem Restaurant

（3） hinter der Kirche

das Restaurant

das Rathaus

der Dom

die Bank

die Universität

die Kirche

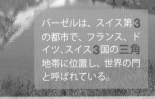

3・三・さん
ドライな数

die Schweiz

スイスは、国土の7割を山が占めており、アルプスを代表する名峰がそろっている。その中でも、世界の登山家の垂涎の場所である**3大**名峰モンブラン、マッターホルン、ユングフラウヨッホがある。

バーゼルは、スイス第**3**の都市で、フランス、ドイツ、スイス**3**国の**三角**地帯に位置し、世界の門と呼ばれている。

スイスの世界遺産の**3**つの自然遺産
- ユングフラウ、アレッチ、ビーチホルン地域（2001年）
- サン・ジョルジョ山（2003年）
- 地殻変動地域サルドナ（2008年）

スイスには、鉄道ファンや旅行者に人気の**3大**急行「ベルニナ急行」「氷河急行」「パノラマ急行[※]」が走っている。ちなみにスイスの「急行」とは、一つの座席に長い時間乗車するという意味。

スイスは、空気が澄んでいるため、時計・宝飾品などでも世界的に有名。
バーゼルで毎年**3**月〜**4**月頃に開催されるバーゼルワールドは、世界最大級の時計宝飾の見本市。
機械式の時計でスイスメイドが世界市場を席巻し続けているが、日本製の時計はデジタル技術で存在感を示している。

バーゼルの地で生まれた数学者オイラーは、**三角**関数を用いて、有名なオイラーの公式を生み出した。また、バーゼル問題という、この地の名をつけた数学の問題も解決した多産家数学者。

Leonhard Euler
(1707-1783)

オイラーは、晩年の**17**年間は目が見えなくなったが、彼の未曾有の才能は少しも衰えることなく、著作や論文は実に膨大な数にのぼる。子どもは**13**人いて、赤ん坊を抱え、子どもを足許で遊ばせながら数学を解いていたという逸話が残っている。

こぼれ話

日本語でも、「三」は格別な数字。古くから伝わる「三種の神器」「御三家」、また「仏の顔も三度」「石の上にも三年」といったことわざから、「3K職場」「三平（結婚相手の男性に求める条件）」などなど、枚挙にいとまがないほど、日本文化にも「3」という数字は欠かせない。

日本人であるわれわれは、教育、勤労、納税の三大義務を負い、生存権・教育を受ける権利・参政権という三大権利も有している。
成人になったら社会に対してドライにならず、積極的に国造りに参画（さんかく）（トライ）してみては……。

Basel スイスの産業都市 バーゼル

Izumi fährt gerade mit dem Zug von Zürich nach Basel. Die Stadt Basel ist für ihn geographisch und kulturell sehr interessant. Sie liegt am Dreiländereck Frankreich-Deutschland-Schweiz und sie ist mehrsprachig. Man spricht dort Deutsch, Französisch, Italienisch und Rätoromanisch. Jeden Tag kommen viele Leute von außerhalb nach Basel und arbeiten dort. Basel ist seit 1460 eine Universitätsstadt und heute studieren mehr als 6 000 Studenten an der Universität Basel.

▌スイス銀行

―世界からあつまるスイス―

ハプスブルク家発祥の地としても有名なスイスは、「スイス銀行」がある地としても知られている。

スイス銀行とは、秘密口座をもつプライベートバンクの総称である。

領土を拡げることなく、世界各地からあらゆる種類の金が流入している。

背景には高い水準の守秘義務規定があり、課税逃れや犯罪と認められない限り、顧客の情報はこの規定により完全に守られている。

「金よりも堅い」と言われるスイスフラン

スイスには、FIFA（国際サッカー連盟）の本部、WHO（世界保健機関）、国連欧州本部をはじめ多数の国際機関の本部が置かれている。

Verstanden?! -

上のドイツ語文を読んで、内容に合っているものを選んでみましょう。

1. イズミはバーゼルに住んでいます。

2. バーゼルはスイス、ドイツ、イタリア三国に接しています。

3. バーゼルではドイツ語、フランス語、イタリア語などが話されています。

4. バーゼルは今日では6000人以上の学生を有する大学町でもあります。

Lektion 1
Lektion 2
Lektion 3
Lektion 4
Lektion 5
Lektion 6
Lektion 7
Lektion 8
Lektion 9
Lektion 10

Basel
世界への門

Basel

スイスの一地方都市ながら、隣接するドイツやフランスの影響を強く受け、また芸術への関心が高く、伝統を重んじる一方で、新しいものも取り入れる風土は独特の文化を生み出してきた。

フランスとドイツに国境を接しているので、市の周辺地域から多くの人がバーゼル市に働きに来ている。その数、毎日おおよそ5万人。フランスからは2万人弱の人が、ドイツからは約1万人が越境して通勤している。

Desiderius Erasmus

Hermann Hesse

バーゼルは古来学問や文化が栄えた都市として有名。『痴愚神礼賛』を著した当代最大の人文学者エラスムス(1466-1536)や、ノーベル賞作家ヘッセ(1877-1962)などのゆかりの地でもある。

ニーチェ

Universität Basel

ブルクハルト、ニーチェ、ヤスパースなどそうそうたる哲学者が教壇に立っていたバーゼル大学はスイス最古の大学。

Basler Fasnacht

14世紀から続いているといわれるスイス最大の伝統的行事で、キリスト教徒の断食に由来し、その前に大騒ぎするお祭り。2月中旬から3月上旬の月曜日から水曜日までの3日間行われる。このお祭りが終わるとバーゼルに春が訪れる。

青山のプラダ・ショップを手がけたジャック・ヘルツォーク＆ピエール・ド・ムーロン(HdM)や、マリオ・ボッタ、ディーナー＆ディーナーなど、世界でも指折りの建築家の作品が垣間見られる。まさに現代建築の宝庫という名にふさわしい都市となっている。伝統と今が調和する町、バーゼル。

プラダ青山店（HdM設計）

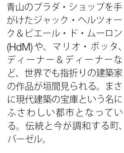

UBS本社屋（M. ボッタ設計）

Grammatik

ドイツ語のきまり

1 話法の助動詞

動詞をおぎなって、その動詞に〈許可・可能・義務・願望〉などの意味をつけ加える助動詞を**話法の助動詞**といいます。話法の助動詞も現在人称変化します。

不定詞 主な意味	dürfen 〜してもよい	können 〜できる	müssen 〜ねばならない 〜にちがいない	sollen 〜すべきだ	wollen 〜しようと思う 〜するつもりだ	mögen 〜かもしれない 〜を好む	(möchte) 〜したい 〜がほしい
ich	**darf**	**kann**	**muss**	**soll**	**will**	**mag**	**möchte**
du	**darfst**	**kannst**	**musst**	**sollst**	**willst**	**magst**	**möchtest**
er/sie/es	**darf**	**kann**	**muss**	**soll**	**will**	**mag**	**möchte**
wir	dürfen	können	müssen	sollen	wollen	mögen	möchten
ihr	dürft	könnt	müsst	sollt	wollt	mögt	möchtet
sie/Sie	dürfen	können	müssen	sollen	wollen	mögen	möchten

- 1人称単数（ich）と3人称単数（er/sie/es）は同じ形で、語尾はつきません。
- möchteは控えめな願望としてよく用いられます。

1) 話法の助動詞が定動詞として用いられると、本動詞は不定詞の形で**文末**に置かれ**枠構造**を作ります。

    Ich spiele Klavier.　　　　　私はピアノを弾きます。
    Ich **kann** Klavier **spielen**.　　私はピアノを弾くことができます。
    話法の助動詞（定動詞）　本動詞（不定詞）文末
        枠構造

2) 本動詞として単独で用いられる場合もあります。

    Er **kann** gut Deutsch.　　　彼はドイツ語がよくできます。
    Ich **möchte** Kaffee.　　　　コーヒーがほしいのですが。

> 注意すべき用法
> nicht dürfen 　　〜してはいけない
> nicht müssen 　　〜する必要はない
> Können Sie ~? 　〜していただけませんか
> Soll ich ~? 　　〜しましょうか
> Wollen wir ~? 　〜しませんか

2 未来形

未来の出来事は〈未来の助動詞 **werden** ＋不定詞〉で表します。不定詞は文末に置かれ**枠構造**を作ります。（werden の現在人称変化は☞26頁、werden のその他の用法は☞97頁）

    Ich **werde** heute Fußball **spielen**.　　私は今日サッカーをするつもりです。
      未来の助動詞　　　　　　　不定詞（文末）
          枠構造

ミニ練習 -

1 ＿＿＿＿に話法の助動詞を現在人称変化させましょう。

CD 56

1) D＿＿＿ ich Platz nehmen?　　　　　座ってもいいですか。

2) Anna k＿＿＿ gut Kuchen backen.　　アンナはケーキを上手に焼くことができます。

3) Franz m＿＿＿ bis 20.00 Uhr arbeiten.　フランツは20時まで働かなければなりません。

4) S＿＿＿ ich das Fenster schließen?　　窓を閉めましょうか。

3 従属の接続詞と副文

dass 〜ということ	**ob** 〜かどうか	**obwohl** 〜にもかかわらず
weil 〜なので	**wenn** 〜するとき、〜ならば	**als** 〜したとき（過去形で）　など

二つの文を〈主〉と〈従〉の関係に結びつける接続詞を**従属の接続詞**といいます。従属の接続詞によって主文と結ばれた文を**副文**（従属文）といいます。副文の中では**定動詞は文末**に置かれます。主文と副文は必ずコンマで区切ります。（副詞的接続詞については☞ 97㌻）

主文　　　　　　　副文
Wir wissen nicht, **ob** er heute **kommt**.　私たちは彼が今日来るかどうか知りません。
　　　　　従属の接続詞　　　定動詞（文末）

Ob er heute **kommt**, *wissen wir* nicht.
　　　　定動詞　主語

kennenとwissenの違い
kennenは、人やものを見聞きしたり、体験して知っていること。副文をとることはできない。
wissenは、ある事柄を知識として知っていることで、副文をとることができる。

4 分離動詞と非分離動詞

〈**アクセントのある前つづり＋基礎動詞**〉の形をした動詞を**分離動詞**といいます。主な分離前つづりには、ab-, an-, auf-, aus-, mit-, nach-, vor-, zurück- などがあります。分離動詞が現在形で用いられると、基礎動詞が主語の人称に応じて現在人称変化し（☞ 10㌻）、**前つづりは文末**に置かれます。

án|kommen 到着する
前つづり　　基礎動詞
分離線（これが分離動詞のしるし）

Der Zug **kommt** pünktlich **an**.　その列車は定刻に到着します。
　　　　基礎動詞　　　　　　前つづり（文末）
　　　　　　　　枠構造

Kommt der Zug pünktlich **an**?

• 分離動詞は、助動詞とともに用いられたときや、副文の中で用いられたときは分離しません。

Du **musst** sofort **zurückkommen**.　君はすぐに戻らなければならない。
Ich glaube, **dass** der Bus bald **abfährt**.　バスはまもなく発車すると思います。

〈**アクセントのない前つづり（be-, emp-, ent-, er-, ge-, ver-, zer-）＋基礎動詞**〉の形をした動詞を**非分離動詞**といいます。非分離動詞の前つづりと基礎動詞は分離しません。

Ich **besuche** heute das Brandenburger Tor.　私は今日ブランデンブルク門を訪れます。

CD 57

2 従属の接続詞に注意して、副文内の語を正しい語順に並べ替えてみましょう。

1) Wissen Sie, dass (heute / kostenlos / das Konzert / ist)?

----

2) Weil (arbeiten / muss / heute / ich), kann ich nicht ins Kino gehen.

----

3) Fritz fragt, ob (schon besetzt / ist / dieser Platz).

単語を覚えよう

催し物

CD 58

die Unterhaltung

der Eingang

das Theater

das Konzert

die Kasse

der Ausgang

Kasse

die Eintrittskarte

das Museum

die Ausstellung

Zoo

der Zoo

die Oper

der Platz

das Kino

Lupe ・・・・・・・・・・・・・・・・・・・・・ 不定代名詞 man

CD 59

ドイツ語の man は「男」ではなく、不特定の「人」を表す3人称単数扱いの代名詞です。
er で受けることはできず、man を繰り返します。訳には表さないことが多いです。

Wo kann **man** Karten kaufen?　　チケットはどこで買えますか。
Darf **man** hier fotografieren?　　ここで写真を撮っていいですか。

man　（漠然と）人は

der Mann　男、夫

Übungen

1 （　　）内の助動詞を現在人称変化させて _____ に入れてみましょう。☞ 1 2

1) In der Oper _____ man nicht essen und trinken.　　　　(dürfen)

2) Maria _____ heute leider nicht ins Theater gehen.　　　(können)

3) Ich _____ an der Kasse eine Eintrittskarte kaufen.　　　(müssen)

4) Du _____ das Museum besuchen.　　　　　　　　　　(sollen)

5) Heute Abend _____ ich in eine Ausstellung gehen.　　　(wollen)

6) _____ Sie morgen in den Zoo gehen?　　　　　　　　(möchte)

7) Alex _____ am Ausgang auf uns warten.　　　　　　　(werden)

2 _____ に入れるのにもっともふさわしい接続詞を右から選んでみましょう。☞ 3

1) Ich weiß, _____ sie heute nicht zu Hause ist.

2) _____ das Wetter schön ist, spielen wir Tennis.

3) Er kauft kein Auto, _____ er kein Geld hat.

4) _____ er sehr müde ist, arbeitet er noch.

wenn
obwohl
dass
weil

3 （　　）内の分離動詞を現在人称変化させて _____ に入れてみましょう。☞ 4

1) Er _____ jeden Morgen früh _____.　　　　(auf | stehen)

2) Der Zug nach Berlin _____ um 9.00 Uhr _____.　(ab | fahren)

3) Klaus _____ am Morgen das Fenster _____.　　(auf | machen)

4) Julia _____ am Wochenende schon etwas _____.　(vor | haben)

5) Ich _____ heute Abend meine Mutter _____.　　(an | rufen) 人4格 ～に電話する

6) _____ Sie heute an dem Ausflug _____?　　　(teil | nehmen)

7) Wann _____ das Konzert _____?　　　　　　(an | fangen)

ドイツ語文にしてみよう

1) 今日何したい？（ machen ）

CD 61

_____

2) のどが乾いているので、私たちはカフェへ行きます。（ Durst haben / in ein Café gehen ）

_____

3) 彼女はドアを閉めます。（ Tür 女 / zu | machen ）

_____

コンサートに行きたい
Ich möchte ins Konzert gehen.

ベルリン●
Berlin

リョウタは今夜ベルリン・フィルハーモニー管弦楽団のコンサートがあることを知りました。ぜひ行ってみたいのですが…。

 : Kann ich noch eine Eintrittskarte bekommen?

 : Ja, wir haben noch Stehplätze.

 : Was kostet ein Stehplatz?

 : 16 € (sechzehn Euro).

 : Gut. Einmal bitte! Um wie viel Uhr fängt das Konzert an?

 : Um 20.00 Uhr.

チェックノート　チケットを買うとき

● チケットはどこで買えますか？ ： **Wo kann man Eintrittskarten kaufen?**

● 入場料／座席はいくらですか？ ： **Was kostet der Eintritt / der Platz?**

● 1枚／2枚お願いします。　　 ： **Einmal bitte! / Zwei Eintrittskarten bitte!**

ミニ会話 ･･････････････････････　　　「～に行きたい」

Was möchtest du heute machen?　　今日何したい？
▶ Ich möchte **ins Konzert** gehen.　　コンサートに行きたい。

ins Kino　　ins Theater　　ins Museum

gehen

ins Café　　in die Oper　　in den Zoo

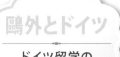

鷗外とドイツ
ドイツ留学の先駆者

ノイシュヴァンシュタイン城の建造を命じたのがバイエルン王ルートヴィヒ2世。彼は堅苦しい宮中を嫌い、奇行を繰り返すようになって、最後には狂人と宣告され謎の溺死をとげる。森鷗外（1862-1922）は、後にこの王の死を小説に描いた。湖畔を散歩していた王は、ボートに乗っている女性にかつて愛した人の幻影を見て湖に入っていく。女性も恐怖のあまり湖に転落し、王も溺れ死ぬという狂気に満ちた物語だ（『うたかたの記』）。

軍医だった小説家・森鷗外は1884年から4年間ドイツに留学した。ライプツィヒ、ドレスデン、ミュンヘンですごした後、『舞姫』の舞台となったベルリンへ。ベルリン・フンボルト大学では北里柴三郎と共に細菌学者コッホの指導を受けた。

若き鷗外には論争家としての一面もあった。東京帝大で教えた地質学者ナウマンが、ドイツに帰国後「日本」と題する講演をした。彼は日本について批判的な見解を述べたらしい。その場にいた弱冠24歳の鷗外は、今の発言は日本人として黙っているわけにはいかないと、流暢なドイツ語で反論し、論争へと発展した。

鷗外は『カズイスチカ』という短編で興味深い人生観を書いている。その若者は、やる気だけはあるが、何をすればいいのか分からず、日常をおろそかにしていた。あるとき、日々の一挙手一投足に精神を傾注して生きる父の姿に気づき、自我というものの片鱗を知るというものである。日々の生活の延長にしか目指すものはない。

1909年のウンター・デン・リンデン

こぼれ話

鷗外は小説『ヰタ・セクスアリス』の中で外国語の勉強法について語っている。それは、授業で習った専門用語の語源を調べて、それをページの欄外に赤字で書き留めるというもの。機械的に暗記するのではなく、語源から理解する方法だ。当時の医学部の講義は、ドイツ人教官がドイツ語で講義をしていたのだから必死だ。一方、漱石の学習法は多読だった。分からない単語があっても、とにかく読み進めて英語に慣れるやり方だ（夏目漱石『現代読書法』より）。
鷗外のベルリンでの下宿先が森鷗外記念館として公開されている。2階が鷗外の部屋。この記念館はベルリン・フンボルト大学の日本文化研究センターの施設として、ゼミなどでも利用されている。

Ryota geht ins Konzert. リョウタ、コンサートへ行く

Berlin ist eine Kulturstadt. Hier kann man allerlei Museen, Konzerte und Theater besuchen. Ryota möchte einmal in ein Konzert der Berliner Philharmoniker gehen, weil er Musik liebt. Heute Abend findet ein Konzert des Orchesters statt. Er muss an der Abendkasse eine Eintrittskarte kaufen. Glücklicherweise bekommt Ryota einen Stehplatz. Nun fängt das Konzert an.

ベルリン・フィルハーモニー管弦楽団

1882年に創設された。84年にはブラームスが自作曲を指揮した。以後、ドボルザーク、マーラー、ブラームスらが指揮台に立った他、フルトヴェングラーやカラヤンらが常任指揮者として就任した。ホールは1944年に爆撃により消失。現在のホールは63年に再建されたもの（写真は2002－18年常任指揮者サイモン・ラトル）。

ベルリン国際映画祭

ドイツではベルリナーレ（Berlinale）と呼ばれている映画祭で、カンヌ、ヴェネツィア国際映画祭とともに、世界3大映画祭のひとつ。ベルリン市の紋章である熊にちなんで、金熊賞、銀熊賞などがある。

Verstanden?!

上のドイツ語文の内容に合うように、後につづく文をつなげてみましょう。

1. In Berlin gibt es allerlei Museen,   A   weil er noch keine Eintrittskarte hat.

2. Ryota möchte ins Konzert gehen,   B   dass das Konzert heute Abend stattfindet.

3. Ryota weiß,   C   weil Berlin eine Kulturstadt ist.

4. Ryota muss eine Eintrittskarte kaufen,   D   weil er Musik liebt.

Berlin
文化の発信地

Museumsinsel

首都ベルリンには数多くの博物館がある。とくに5つの美術館が集まる博物館島が有名だ。中でもペルガモン博物館の「バビロンのイシュタル門」や「ペルガモンの大祭壇」は必見。

Berliner Dom

博物館島の一角にあり、緑青色の天蓋が印象的なベルリン大聖堂。中に入るとモザイク画やステンドグラスに目を奪われる。ドームに上るとベルリンの街が一望できる。

Brandenburger Tor

ベルリンのシンボル「ブランデンブルク門」。

Gedenkstätte Sachsenhausen

ベルリンの北30km、オラニエンブルクに、現存するドイツ最大のザクセンハウゼン強制収容所跡がある。1936年に開設された広大な敷地には、銃殺場、拷問のための木柱、生体実験室、独房などが記念施設として残されている。門扉には「Arbeit macht frei 働けば自由になる」の文字がある。

East Side Gallery
（イーストサイド・ギャラリー）

1,316mのこの壁は、ベルリンの壁のなごりで、世界最長の野外ギャラリー。壁崩壊後に世界中の芸術家118人が描いた。

Berlin Hauptbahnhof
（ベルリン中央駅）

2006年サッカーワールドカップ・ドイツ大会に合わせて開業。東西ドイツの再統一後、名実ともに首都ベルリンの陸の玄関口となった。

Schloss Charlottenburg
（シャルロッテンブルク宮殿）

プロイセン王フリードリヒ1世が王妃ゾフィー・シャルロッテのために1699年に建設。世界遺産に登録されている。壁一面に陶器が飾られた「陶器の間」は圧巻。

Lektion 1　Lektion 2　Lektion 3　Lektion 4　Lektion 5　Lektion 6　Lektion 7　Lektion 8　Lektion 9　Lektion 10

Lektion 7 — Grammatik

ドイツ語のきまり

1 形容詞の格語尾変化

形容詞が名詞の前に置かれて名詞を修飾する場合を**形容詞の付加語的用法**と言います。この用法では名詞の性・数・格に応じて形容詞の格語尾が変化します。格語尾は冠詞（類）の有無または冠詞（類）の種類によって異なり、次の3つのパターンがあります。辞書では、格語尾を取って調べます。

1) 強変化：〔冠詞（類）なし〕形容詞語尾＋名詞　男性と中性の2格以外の語尾は定冠詞類の形です。☞34⬆

	男性（冷えたジュース）	女性（冷たいミルク）	中性（冷えたビール）	複数（冷たい飲み物）
1格	kalter Saft	kalte Milch	kaltes Bier	kalte Getränke
2格	kalten Saft(e)s	kalter Milch	kalten Bier(e)s	kalter Getränke
3格	kaltem Saft	kalter Milch	kaltem Bier	kalten Getränken
4格	kalten Saft	kalte Milch	kaltes Bier	kalte Getränke

　　Ich trinke gern kalt**en** Saft.　私は冷えたジュースを飲むのが好きです。

2) 弱変化：定冠詞（類）＋形容詞語尾＋名詞　語尾は -e と -en の2種類だけです。

	男性（その赤い帽子）	女性（その赤い上着）	中性（その赤いシャツ）	複数（その赤いワンピース）
1格	der rote Hut	die rote Jacke	das rote Hemd	die roten Kleider
2格	des roten Hut(e)s	der roten Jacke	des roten Hemd(e)s	der roten Kleider
3格	dem roten Hut	der roten Jacke	dem roten Hemd	den roten Kleidern
4格	den roten Hut	die rote Jacke	das rote Hemd	die roten Kleider

　　Der rot**e** Hut steht Ihnen sehr gut.　その赤い帽子はあなたにとてもよく似合います。

3) 混合変化：不定冠詞（類）＋形容詞語尾＋名詞　男性1格、中性1・4格の語尾以外は2）と全く同じです。

	男性（ひとつの新しいスカート）	女性（ひとつの新しい時計）	中性（ひとつの新しいソファ）	複数（私の新しいズボン）
1格	ein neuer Rock	eine neue Uhr	ein neues Sofa	meine neuen Hosen
2格	eines neuen Rock(e)s	einer neuen Uhr	eines neuen Sofas	meiner neuen Hosen
3格	einem neuen Rock	einer neuen Uhr	einem neuen Sofa	meinen neuen Hosen
4格	einen neuen Rock	eine neue Uhr	ein neues Sofa	meine neuen Hosen

　　Wie gefallen dir meine neu**en** Hosen？　私の新しいズボンどう思う？

- 注意すべき形容詞の語尾変化 ☞98⬆
- 形容詞の名詞化については ☞98⬆

ミニ練習 ・・・

1 ＿＿＿ に形容詞の語尾を入れてみましょう。（すべて1格の形）　CD 65

	新鮮な魚	大きいソーセージ	ドイツパン
	frisch＿＿ Fisch	groß＿＿ Wurst	deutsch＿＿ Brot
der	frisch＿＿ Fisch	die groß＿＿ Wurst	das deutsch＿＿ Brot
ein	frisch＿＿ Fisch	eine groß＿＿ Wurst	ein deutsch＿＿ Brot
	frisch＿＿ Fische（複数）	groß＿＿ Würste（複数）	deutsch＿＿ Brote（複数）

Lektion 1
Lektion 2
Lektion 3
Lektion 4
Lektion 5
Lektion 6
Lektion 7
Lektion 8
Lektion 9
Lektion 10

2 形容詞・副詞の比較

1) 比較級（〜より〜だ）・最上級（一番〜だ）の作り方

		原級		比較級	最上級	
形容詞	規則変化	klein	小さい	klein**er**	klein**st**	比較級は**-er**、最上級は**-st**を付けます。
		lang	長い	läng**er**	läng**st**	母音が1つの語はa, o, u がä, ö, ü になります。
		alt	古い	**ä**lter	**ä**ltest	
		kurz	短い	**kürz**er	**kürz**est	-d, -t, -z, などで終わる語は最上級で-est となります。
	不規則変化	groß	大きい	grö**ß**er	grö**ß**t	・変音するもの
		hoch	高い	höher	höchst	・一部文字を落とすもの
		gut	よい	besser	best	・文字が全く変わるもの
		viel	多くの	mehr	meist	などがあります。
副詞		gern	好んで	lieber	am liebsten	**副詞の最上級は必ず**am .... en の形

• ほとんどの形容詞は、そのまま副詞としても使われます。

2) 比較の用法

① 同等の比較

・ A ... **so** 原級 **wie** B → 「A は B と同じだ」
Klaus ist **so** groß **wie** Peter.
クラウスはペーターと背丈が同じです。

・ A ... **nicht so** 原級 **wie** B → 「A は B ほど〜ではない」
Klaus ist **nicht so** groß **wie** Paul.
クラウスはパウルほど背が高くありません。

Peter　Paul　Klaus

② A ... 比較級 **als** B（A と B は同じ格） → 2つのものの比較「A は B より〜だ」

Paul ist größer **als** Klaus.
パウルはクラウスよりも背が高いです。

③ 定冠詞（der/die/das）+ 最上級 e ／ am 最上級 en → 最上級「A は一番〜だ」
こちらの形の方が使いやすい

Paul ist der größte von uns.
パウルは私たちの中で一番背が高いです。

Paul ist am größten in der Klasse.
パウルはクラスの中で一番背が高いです。

Klaus trinkt am liebsten Weißwein.
副詞の最上級
クラウスは白ワインが一番好きです。

• 形容詞の比較級・最上級の付加語的用法は ☞98頁

---

2 次の形容詞の比較級・最上級を　　　に書いてみましょう。

CD 66

原級		比較級	最上級
fleißig	勤勉な		
schnell	速い		
billig	安い		
jung	若い		

単語を覚えよう

食事
Essen
CD 67

der Wein　der Löffel

der Kuchen

Lecker!

der Käse

das Messer

die Gabel

die Butter

die Suppe

der Saft

das Brötchen

das Brot

der Salat

die Milch

der Tee

das Bier

das Ei

der Fisch

der Kaffee

das Wasser

das Fleisch

die Wurst

der Schinken

Frühstück 朝食	**Mittagessen** 昼食
Abendessen 夕食	**frühstücken** 朝食をとる
zu Mittag / zu Abend essen 昼食を/夕食をとる	

Guten Appetit!（おいしく）召し上がれ、いただきます
Prost! / Zum Wohl! 乾杯

色
die Farbe
CD 68

blau　　grau　　rot　　grün　　braun　　weiß　　gelb　　violett　　schwarz

 Lupe ━━━━ was für [ein] ~ ?「どんな…?」種類や特性（特徴）を尋ねる疑問詞

CD 69

Was für ein Auto ist das?　　　　それはどんな車ですか。
　— Das ist ein alter Mercedes.　　　それは古いベンツです。
Was für Bier trinken Sie gern?　　どんなビールが好きなのですか。
　— Ich trinke gern deutsches Bier.　ドイツビールが好きです。

für の後には不定冠詞 ein のついた名詞（複数名詞や物質名詞は無冠詞）がきますが、その格は前置詞の
für（4格支配）とは無関係に、文中の役割に応じて決まります。上の例文の ein Auto は1格、Bier は
4格です。

Übungen

練習しよう

1 形容詞の格変化語尾を _____ に入れてみましょう。 👉 **1**

1) Max trinkt gerne grün_____ Tee. （緑茶を）

2) Diese deutsch_____ Würste schmecken mir gut. （これらのドイツのソーセージは）

3) Er ist Chefkoch eines bekannt_____ Restaurants. （有名なレストランの）

4) Ein alt_____ Mann geht in das klein_____ Café. （一人の老人が / 小さなカフェへ）

5) Ich kaufe im neu_____ Supermarkt frisch_____ Eier. （新しいスーパーで / 新鮮な卵を）

6) Karin isst eine warm_____ Suppe und einen klein_____ Salat.
（温かいスープとちょっとしたサラダを）

7) Was für eine Bluse suchst du? – Ich suche eine gelb_____ Bluse. （黄色いブラウスを）

8) Was für Wein möchten Sie denn? – Ich möchte lieblich_____ Weißwein.
（甘口でまろやかな白ワインを）

2 （　）内の形容詞・副詞を適切な形にして _____ に入れてみましょう。 👉 **2**

1) Der Käse hier ist nicht so _____ wie die Butter dort. (billig)

2) Ich bin etwas _____ als meine Schwester. (groß)

3) Meine Mutter ist vier Jahre _____ als mein Vater. (jung)

4) Anna kocht italienisch _____ als deutsch. (gut)

5) Erika ist die _____ von den Schülerinnen. (fleißig)

6) Hans isst am _____ in uns(e)rer Familie. (schnell)

7) Welches Weinglas gefällt dir am _____? (gut)

8) Lena singt _____ als ihre Freundin. (schön)

ドイツ語文にしてみよう

1) どんなパンを買うの？　ドイツパンだよ。

_____

2) 私たちの新しいコンピューターはとても高価です。(teuer)

_____

3) 私はジュースよりミネラルウォーターを飲む方が好きです。(Mineralwasser)

_____

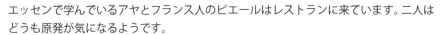

レストランで食事

Im Restaurant.

エッセン
Essen

エッセンで学んでいるアヤとフランス人のピエールはレストランに来ています。二人は
どうも原発が気になるようです。

 : Bitte, was bekommen Sie?

 : Ich nehme eine Bratwurst mit Sauerkraut.
Was nimmst du, Pierre? Ein Schnitzel...?

 : Noch etwas mehr. Ein Schnitzel, dazu eine Leberknödelsuppe und
einen trockenen Rotwein, bitte.

 : Ja, gerne.

 : Nun, was denkst du über die Reaktorkatastrophe von Fukushima?

 : Hm....

 チェック
ノート

料理（食べ物）を注文するとき

 CD 73

● 何になさいますか？ ： Was bekommen / wünschen / nehmen Sie?

● ～にします ： Ich nehme (eine Gemüsesuppe / ein Schnitzel /
einen Salat / ein Bier / eine Cola).

 ミニ会話 ・・・・・・・・・・・・・・・・・・・・ 支払い ・・・・・・・・・・・・・・・・・・・・・・・・・・・・・・・・

テーブルについたままの、支払いのやりとりをしてみましょう。

Gast：	Zahlen, bitte!	お勘定をお願いします。
Kellnerin：	Zusammen oder getrennt?	ご一緒ですか、別々ですか？
Gast：	Zusammen, bitte! / Getrennt, bitte!	一緒にして下さい。／別々にして下さい。
Kellnerin：	Das macht 13,40€ (Euro).	13,40 ユーロになります。
Gast：	15€ (Euro). Stimmt so!	15 ユーロで。おつりは結構です。
Kellnerin：	Danke schön!	ありがとうございます。

負の エネルギー
核から各へ

Lektion 1
Lektion 2
Lektion 3
Lektion 4
Lektion 5
Lektion 6
Lektion 7
Lektion 8
Lektion 9
Lektion 10

カフェ パウゼ

Zollverein

ツォルフェアアイン炭鉱業遺産群
ドイツ関税同盟（Deutscher Zollverein）
にちなんで名づけられたルール地方最大の
鉱山。1932年に開かれたバオハウス様式の
第12採掘坑は、「世界で最も**美しい**炭鉱」
と評されている。

鉄鋼業の衰退や、石油や天然ガスなどの代
替エネルギーの普及によって、石炭の需要
は激減、1986年操業を停止した。
エネルギー源としての石炭はその役目を終
える。2001年**世界遺産**に登録される。

原子力は、1938年ドイツで核分裂が発見さ
れた後、米国が原子爆弾の開発で実用化。大
戦後、エネルギー源としての原子力を、世
界中が競って開発に乗り出す。キャッチフ
レーズは原子力の威力と絶対的な**安全性**、
だったはずが……!!

夢の燃料として、産業革命を強力に推し進
めてきた「黒いダイヤ」と呼ばれた**石炭**は、
他方で悲劇をもたらす主人公ともなる。

石炭と鉄の獲得競争が激化するなか、戦争を回
避するために1951年欧州石炭鉄鋼共同体が設
立されることになる。当初６カ国で調印された
ものだったが、やがてはヨーロッパ全体で、
ヨーロッパでの戦争を回避しようとすること
につながって行った。このことも
を後押しすることとなる。

2011年に日本で起きた**人災**!!福島原発の歴史的
事故に素早く反応したのはドイツであった。原発維
持の方針であったが、事故直後にエネルギー政策を
180度転換。現在17基ある原子炉のうち8基を2011
年8月までに、残り9基を2022年までに停止する
と発表。全原発の廃炉を決定したのである。

ドイツは、以前から風力や太陽光、バイオマスなどの
自然エネルギーを強力に推進してきた**環境大国**。

こぼれ話

歴史上、世界で開発された大量破壊兵器の最初の被害国はすべて日本！①火薬：
中国で発明され、13世紀後半の元寇（元、及び高麗王国によって二度に亘り行
われた対日本侵攻）の際に使われる。②原子力爆弾：アメリカで開発され、1945
年に広島・長崎へ投下。③水素爆弾：アメリカが開発し、1954年ビキニ環礁で
行われた水爆実験に日本のマグロ漁船、第五福竜丸が遭遇し、船体・船員・捕獲
した魚類が放射性降下物に被爆。歴史にはかくも奇妙なめぐり合わせが……。
エネルギー源としていた「核」が、人類に対して脅威に変貌した順番は、日本は3番目!!
①1979年スリーマイル島原発事故、②1986年チェルノブイリ原発事故、③2011年福島原発の事故。原子
力発電の＜絶対安全＞という神話は完全に崩壊、世界に衝撃を与えた。いま、核エネルギー政策への信頼が大
きく揺らいでいる。未来世代への責任を、今に生きるわれわれは担っている。「核」という喫緊の問題に、人
間として「各々」が真剣に取り組まなければならない。

Atomkraft? Nein Danke! 原発に代わるエネルギーを！

Essen ist eine wichtige Stadt im Ruhrgebiet. In der früheren Bergwerksstadt studieren Aya und der Franzose Pierre. Sie sprechen im Restaurant lebhaft über die Energiepolitik der Welt. Beide kommen zu dem Schluss, dass man die erneuerbaren Energien, z.B. die Solar-, Wasser-, und Windenergie, wie in Deutschland weiter ausbauen soll. Denn sie sind viel preiswerter und sicherer als Atomenergie.

ドイツの料理

Eisbein

Leberknödelsuppe

Bratwurst mit Sauerkraut

Schnitzel

 Verstanden?! ■

上のドイツ語文を読んで、内容に合っているものを選んでみましょう。

1. Pierre kommt aus Frankreich.

2. Aya und Pierre sprechen über die deutsche Kulturpolitik.

3. Deutschland baut die erneuerbaren Energien aus.

4. Atomenergie ist viel sicherer als die erneuerbaren Energien.

Essen
炭鉱の町から欧州文化都市へ

エッセンとケットヴィッヒ
ルール川の眺め

Speisekarte　レストランのメニュー

国際見本市の拠点
見本市の都市としても世界的知名度が高い。
毎年50あまりの見本市や展示会が開催さ
れ、世界各国から150万人が来場する。

街角で見られる風景

欧州文化都市の記念プロジェクト
2010年エッセンは欧州文化都市に選ばれ、たくさんの記念プロ
ジェクトがおこなわれた。その一つ「アウトバーンの休日」。一日
中アウトバーンが閉鎖され、きれいな空気の中で、人が座って食
事ができるように、60kmにも及ぶ長さの机が並べられた。道路
の片側は歩行者用に、もう片側は自転車用に開放された。

・ Essen Motor Show
米国のSEMAショー、日本のオートサ
ロンと並ぶ、世界三大カスタマイズ
カーショーのひとつ。

・ Security Essen
世界最大級のセキュリティ
と防火技術の展示

・ IPMESSEN（国際園芸見本市）
IPMは毎年、ドイツ・エッセンで催され、園芸産業
最大の会場に世界41ヵ国から1,400の出展者と
82ヵ国から約60,000人の関係者が参加

・ E-WORLD - ENERGY & WATER
国際エネルギー・水専門見本市・会議

Lektion 1
Lektion 2
Lektion 3
Lektion 4
Lektion 5
Lektion 6
Lektion 7
Lektion 8
Lektion 9
Lektion 10

Grammatik

ドイツ語のきまり

1 動詞の3基本形

不定詞（動詞の原形）、過去基本形、過去分詞を**動詞の3基本形**といいます。
過去基本形と過去分詞の変化のタイプによって、動詞は規則動詞と不規則動詞に分けられます。

		不定詞		過去基本形	過去分詞
規則動詞 （弱変化）		——**en**		——**te**	**ge**——**t**
		kauf**en**	買う	kauf**te**	**ge**kauf**t**
		wart**en**	待つ	wart**ete**★	**ge**wart**et**
不規則 動詞	（強変化）	——**en**		—×—	**ge**——×——**en**
		fahr**en**	行く	f**u**hr	**ge**fahr**en**
		komm**en**	来る	k**a**m	**ge**komm**en**
	（混合変化）	——**en**		—×—**te**	**ge**——×——**t**
		bring**en**	持っていく	br**ach**te	**ge**br**ach**t
	（最重要動詞）	sein	～である	war	gewesen
		haben	持っている	hatte	gehabt
		werden	～になる	wurde	geworden
分離 動詞	（規則動詞）	ein|kaufen	買い物をする	kaufte...ein	ein**ge**kauft
	（不規則動詞）	an|kommen	到着する	kam...an	an**ge**komm**en**

＊語幹が-d, -tなどで終わる動詞は、発音の都合で語尾の前にeを入れます。

　　分離動詞の過去分詞は、基礎動詞（☞51ｼ）の過去分詞の前に前つづりをつけ、1語で書きます。

■注意すべき動詞の3基本形：過去分詞に **ge**—をつけない動詞

- アクセントのない前つづりbe-, emp-, ent-, er-, ge-, ver-, zer- を持つ非分離動詞（☞51ｼ）。
- -ieren で終わる動詞（アクセントはie にあり、語尾はすべて規則動詞と同じです）。

不定詞		過去基本形	過去分詞
besuchen	訪問する	**be**such**te**	**be**such**t**
gefallen	気に入る	**ge**fiel	**ge**fallen
stud**ieren**	専攻する	stud**ierte**	stud**iert**

> 不規則動詞（辞書の見出し語に
> ＊印がついている）は語幹が変化
> するので教科書、辞書の巻末の不
> 規則動詞変化表で確認しましょう。

ミニ練習 ■■■■■■■■■■■■■■■■■■■■■■■■■■■■■■■■■■■■■■■

1 次の動詞の3基本形を書いてみましょう（＊は不規則動詞）。

CD 75

不定詞	過去基本形	過去分詞
1）leben		
2）wissen＊		
3）verstehen＊		
4）an|rufen＊		

2 現在完了形

ドイツ語では、「～しました」というように、日常会話で過去のでき事を語る場合には、現在完了形が好んで使われ、過去を表す副詞（**gestern**「昨日」、**letzte Woche**「先週」など）と一緒に用いられます。現在完了形では、話者の視点は現在にあり、現在の状況と結びつけて過去のでき事が語られるので、過去形（☞74 ）よりも生き生きとした表現になります。ただし、日常会話であっても sein・haben・話法の助動詞などは過去形がよく用いられます。

1）現在完了の作り方

完了の助動詞 haben または sein の現在人称変化（☞ 11 ）………… **過去分詞** .
定動詞　　　　　　　　　　　　　　　　　　　　　　　　　文末

枠構造

Ich **habe** ・・・・・・・・・・・・・・・・・・・・・・・・ **gemacht**. (machen)
Ich **bin** ・・・・・・・・・・・・・・・・・・・・・・・・ **gegangen**. (gehen)

Was **hast** du am Wochenende **gemacht**?　　週末に何をしたの？
Ich **bin** gestern Abend in die Oper **gegangen**.　私は昨晩オペラを見に行きました。
Haben Sie schon das Museum **besucht**?　　あなたはもうその博物館に行きましたか。
Der Zug aus Köln **ist** pünktlich **angekommen**.　ケルンからの列車は時間通りに到着しました。

- 他動詞は4格の目的語をとる動詞
- 自動詞はそれ以外の動詞

2）完了の助動詞は haben を用いるのか sein を用いるのか？

　haben を用いる動詞：すべての他動詞と大部分の自動詞
　sein 　を用いる動詞：1）場所の移動を表す自動詞：gehen, fahren, kommen, laufen など
　　　　　　　　　　　　2）状態の変化を表す自動詞：geschehen, wachsen, werden など
　　　　　　　　　　　　3）その他　　　　　　　　：sein, bleiben など

辞書の見方
完了の助動詞に sein を用いる動詞は gehen 自〔 完了 sein 〕/ (s)。
haben を用いる動詞は machen 他〔 完了 haben 〕/ (h) などと表示されています。

2　次の現在完了形の過去分詞の不定詞を_____に書いてみましょう。

1) Ich habe ... gelernt. _____

2) Er ist ... aufgestanden. _____

3) Sie hat ... getrunken. _____

4) Wir sind ... abgefahren. _____

5) Ich bin ... gelaufen. _____

6) Habt ihr ... gegessen? _____

7) Sie ist ... geblieben. _____

8) Hast du ... bestellt? _____

過去の表現 CD 76

gestern 昨日 ・ am Wochenende 週末に ・ in den Ferien 休暇中に

an dem Seminar teilnehmen

eine Reise machen

zum Karaoke gehen

fotografieren

den Führerschein machen

auf einen Berg steigen

ins Ausland fliegen

eine Party geben

Ski fahren
シー

eine Seminararbeit schreiben

umziehen / nach 場所 ziehen (aufs Land ziehen)

4格の副詞句

CD 77

名詞の4格は時を表す副詞としてよく用いられます。

den ganzen Tag　1日中	jede Woche　毎週	jeden Tag　毎日
jedes Jahr　毎年	zwei Tage　2日間	letzte Nacht　昨夜
letzte Woche　先週	letzten Monat　先月	

Ich bin zwei Tage in Eisenach geblieben.　　私は2日間アイゼナハに滞在しました。

Ich habe jeden Tag Klavier geübt.　　私は毎日ピアノの練習をしました。

 Lupe ･･･････････ 定動詞と密接なつながりをもつ要素で作る枠構造 ･･････････

Lektion 6で学んだように、話法の助動詞、未来の助動詞、完了の助動詞および分離動詞の
基礎動詞を定動詞とする文は枠構造を作ります。

CD 78

話法の助動詞　　　不定詞

Ich **kann** Klavier **spielen**.

私はピアノを弾くことができます。

未来の助動詞　　　不定詞

Ich **werde** heute Fußball **spielen**.

私はきょうサッカーをするつもりです。

完了の助動詞　　　過去分詞

Ich **habe** gestern Fußball **gespielt**.

私はきのうサッカーをしました。

分離動詞の基礎動詞　　　前つづり

Der Zug **kommt** pünktlich **an**.

その列車は時間通りに到着します。

Übungen

1 完了の助動詞 haben または sein を現在人称変化させて ＿＿＿ に入れ、日本語に訳してみましょう。(*は不規則動詞) 👆 **1 2**

1) Ich _____ in den Ferien den Führerschein gemacht.

2) Am 1. August _____ Max aufs Land gezogen*.

3) _____ ihr gestern Abend zum Karaoke gegangen*?

4) Jun _____ jeden Freitag in der Kneipe gejobbt.

5) Meine Söhne _____ im Sommer auf einen hohen Berg gestiegen*.

6) Am Wochenende _____ Aki und Ken eine Party gegeben*.

7) Im Winter _____ wir oft Ski gefahren*.

8) Julia _____ vorgestern an einem Seminar teilgenommen*.

2 ＿＿＿ には完了の助動詞 haben または sein を現在人称変化させて入れ、＿＿＿ には（　　）内の動詞の過去分詞を入れてみましょう。(*は不規則動詞) 👆 **1 2**

1) _____ Anna drei Jahre in Leipzig _____? (arbeiten)

2) _____ du gestern den ganzen Tag durch die Stadt _____? (laufen*)

3) Letzte Woche _____ Koji viele Sehenswürdigkeiten _____. (besichtigen)

4) Letzten Monat _____ meine Mutter 51 Jahre alt _____. (werden*)

5) Mein Onkel _____ jeden Tag seine Enkel _____. (fotografieren)

6) Heute Morgen _____ ich früh _____. (auf|stehen*)

7) Letzte Nacht _____ Karin von der Reise _____. (zurück|kommen*)

8) Wir _____ im Supermarkt Lebensmittel _____. (ein|kaufen)

ドイツ語文にしてみよう ●━━━━━━━━━━━━━━━━━━━━━━━━━━━━━━━━━

CD 80

1) 昨日、私は1日中家でテレビを見ていました。(zu Hause / fern|sehen)

_____

2) 学生たちは土曜日にハイキングに行きました。(einen Ausflug machen)

_____

3) 君は昨日の晩、彼女に電話した？

_____

週末の外出

Was haben Sie am Wochenende gemacht?

ハレでの語学研修に参加しているコウジが、休み時間に先生に声をかけられました。

 : Was haben Sie am Wochenende gemacht?

 : Ich bin mit Aki nach Eisenach gefahren.

 : Was haben Sie dort gemacht?

 : Wir haben die Wartburg besucht.

 : Oh, wie schön!

Haben Sie auch den Innenraum der Wartburg gesehen?

 : Ja, natürlich. Es war wunderbar.

Wir vergessen das nie wieder.

チェックノート

過去の事柄を語るとき（現在完了形）

●週末何をしましたか？	: Was haben Sie am Wochenende gemacht?
●～へ行きました。	: Ich bin（ nach 地名：Eisenach ）gefahren.
●何を見に行きましたか？	: Was haben Sie besichtigt?
●～を見に行きました。	: Wir haben（ 場所：die Wartburg ）besucht.

ミニ会話 ••••••••••••••••••••••••• 過去の事柄 •••••••••••••••••••••••••

Was hast du gestern gemacht?

▶ Ich bin **ins Theater gegangen**. 　観劇に行った。
▶ Ich habe **den Dom besichtigt**. 　大聖堂を見物した。

zur Uni gegangen	ein Buch gelesen
sein	**haben**
nach Wien gefahren	viele Schlösser gesehen

Lektion 1
Lektion 2
Lektion 3
Lektion 4
Lektion 5
Lektion 6
Lektion 7
Lektion 8
Lektion 9
Lektion 10

天職

思いの強さが生み出すもの

die Wartburg

ヴァルトブルク城
アイゼナハ郊外にある石づくりの城。
1067年、城主が山頂を見て、「,wart'（待て）汝我が ,burg'（城）となれ」と叫び建築を命じたことに由来するとされる。

Martin Luther
1483-1546

この城には、**ルター**がカトリック教会から破門されて隠棲した「ルターの部屋」がある。

ルターは、1501年法律家を目指してエアフルト大学に入学し、優秀な成績を残してロースクールに進学するが、その後、両親の猛烈な反対を振り切って、**天職**となる聖職者になる。

ルターは、「聖書に書かれていないことを認めるわけにはいかない」という堅固な信念を貫き、贖宥状の販売の不当さを激しく批判、抗議し、ヨーロッパ中を震撼させた。このことにより、破門されたのである。

机に向かって**翻訳**に没頭していたとき、彼を惑わそうとあらわれた悪魔にインク壺を投げつけて追い払ったといわれる跡が今でも残っている。

当時聖書のドイツ語訳はいくつかあったが（ドイツ語の方言が複数存在していたため）、ルターは先の部屋にこもり、聖書を一般的なドイツ語で翻訳することにより、**ドイツ語**が世界の言語の一つとなるきっかけを作った。

数世紀を経て、著作や大学の講義をドイツ語で行う哲学教授クリスティアン・ヴォルフ (Christian Wolff 1679-1754) が現れ、ゲーテやシラーのようにドイツ語で文章を書き、ドイツ語を大辞典という形でまとめあげたグリム兄弟が出現した。ドイツ語を日常的に話す知識人の熱い思い（それまでは、アカデミックな場では主にラテン語が使われていた）が実を結び、**ドイツ語圏**という枠組みを形成することにより、政治的な国家統一を根底から後押しする原動力になっていったのである。

左：Wilhelm Grimm
1786-1859
右：Jacob Grimm
1785-1863

こぼれ話

この世の中には、神に誓いをたてて、神との契約を結び、神の使徒として携わる職業が存在する。それらは、弱者に手を差し伸べるために、神がその人間をこの世に遣わせた天職としての職業である。①医療従事者：身体的弱者救済、②法曹従事者：社会的弱者救済、③宗教従事者：精神的弱者救済。上記の職業に就こうと考えている人は、自分の存在は神の使いとして、この世に神によってあらしめられているという自覚をもたねば！
しかし、神によって与えられた職業だけが天職ではない。本人が意欲をもって取り組む職業も天職 ,Beruf' だ。ルターも、紆余曲折を経て聖職者になったように、自分に適した職をみつけ、それを＜**天職にする**＞という気概をもって前進していこう！

ヒポクラテスの誓い

Die Wartburg bei Eisenach. 世界文化遺産 ヴァルトブルク城

Am Sonntag hat Koji mit Aki an einer Führung durch das Schloss Wartburg teilgenommen. Das Schloss liegt bei Eisenach und ist ein Weltkulturerbe. Im Schloss gibt es viele Sehenswürdigkeiten. Die Waffensammlung ist sehr berühmt. Koji und Aki haben sie besichtigt. Später haben sie ein Konzert im Schlossgarten gehört. Sie haben den Tag sehr genossen und sind erst spät am Abend nach Hause gekommen.

UNESCO-Welterbestätten

ドイツにはユネスコ世界遺産として保護されている自然遺産・文化遺産が38カ所ある。

Bodensee

Würzburger Residenz

Altstadt von Goslar

Der Dom in Aachen

Buchenwald Jasmund

ドレースデン・エルベ渓谷 Dresdner Elbtal
世界遺産リストから抹消された自然景観

世界遺産に登録されていたが、以前からあったドレースデン市街の渋滞緩和を目的とした架橋計画を住民が支持し、実行に移したため、世界遺産から抹消された。今を生きる住民の意向を重んじることも大切な時がある。

Verstanden?! ■■

上のドイツ語文を読んで、内容に合っているものを （　　）から選んでみましょう。

1. Am Sonntag ist Koji mit Aki nach Eisenach (gewesen / gefahren / geblieben).
2. Das Schloss Wartburg steht bei (Eisenach / Jena / Leipzig).
3. Im Schloss gibt es (viele / nicht / keine) Sehenswürdigkeiten.
4. Im Schloss haben Koji und Aki sehr berühmte Ausstellungsstücke (gebracht / gehabt / gesehen).
5. Beide haben ein (schlechtes / schönes / langweiliges) Wochenende verbracht.

Eisenach
中世ドイツのロマンがただよう地

ルターにゆかりのあるヴァルトブルク城はゲーテ街道にあり、ユネスコの世界文化遺産に指定されている。アイゼナハは、ルターハウスや、バッハの生まれた家などが現存している歴史と逸話が数多く残っている街。

Goethestraße

ドイツの文豪ゲーテ生誕の地フランクフルトからフルダ、アイゼナハ、エアフルト、ヴァイマル、ライプツィヒ、ドレースデンまでのゲーテゆかりの全長約400kmの街道。

die Wartburg

ドイツ文化の源流として、「最もドイツらしい城」とも言われるドイツ史上もっとも重要な城の一つ。気前よい領主は、歌人や詩人を招き、大広間で歌のコンクールを催した（写真は城内の「歌人の間」）。若い野心的な音楽家ヴァーグナー (Richard Wagner 1813-1883)はここから着想を得て、歌劇『タンホイザー』(Tannhäuser)を作った。

Bachhaus

音楽の父、大バッハ(Johann Sebastian Bach 1685-1750)が生まれた家。築600年以上のこの館には、バッハ一族の歴史や貴重な古楽器などが展示されており、バロック音楽ファンは必見。

Lutherhaus

ルターが大学入学前の一時期(1498-1501)下宿していた家で、アイゼナハに現存する最古の木組み家屋である。
のちにルターはヴィッテンベルク大学教授となるが、1517年に、ヴィッテンベルク城内教会の門扉に95カ条のテーゼを打ちつけ、ローマ教皇庁に反旗を翻したとされる。宗教改革者ルターの誕生である。

オペル (Opel) 社の生産工場

自動車の町でもあるアイゼナハ。東西ドイツ統一後、ヨーロッパ最先端を行くオペル社はここを生産拠点と定めた。

Lektion 1
Lektion 2
Lektion 3
Lektion 4
Lektion 5
Lektion 6
Lektion 7
Lektion 8
Lektion 9
Lektion 10

Grammatik

ドイツ語のきまり

1 過去形

過去形では、話者の視点は過去にあり、現在の状況とはかかわりなく過去のでき事を客観的に伝えるので、主に書き言葉（小説、童話、新聞記事など）で用いられます。

過去人称変化

主語に合わせて過去基本形に一定の語尾をつけます（単数1・3人称は過去基本形と同じです）。

不定詞	kaufen	warten	an|kommen	sein	haben	müssen
過去基本形	kaufte	wartete	kam ... an	war	hatte	musste
ich　　　–	kaufte	wartete	kam ... an	war	hatte	musste
du　　　–st	kauftest	wartetest	kamst ... an	warst	hattest	musstest
er/sie/es –	kaufte	wartete	kam ... an	war	hatte	musste
wir　　–(e)n*	kauften	warteten	kamen ... an	waren	hatten	mussten
ihr　　–t	kauftet	wartetet	kamt ... an	wart	hattet	musstet
sie/Sie –(e)n*	kauften	warteten	kamen ... an	waren	hatten	mussten

* 過去基本形が -e で終わる動詞は -n だけをつけます。

Ich **war** gestern in der Schweiz.	昨日はスイスにいました。
Sie **wartete** auf ihre Tante.	彼女はおばを待っていました。
Sie **erzählte** den Kindern ein Märchen.	彼女は子供たちにおとぎ話を話して聞かせました。
Wir **kamen** spät in Weimar **an**.	私たちは遅くヴァイマルに着きました。
Früher **konnte** ich gut Deutsch.	昔はよくドイツ語ができました。
Er **musste** gestern nach Eisenach fahren.	彼は昨日アイゼナハへ行かなければなりませんでした。

ミニ練習 ▪▪▪

1 次の不定詞の過去人称変化形を書いてみましょう。（*は不規則動詞）

CD 84

	gehen*	arbeiten	können*	teil|nehmen*
ich				
du				
er/sie/es				
wir				
ihr				
sie/Sie				

Lektion 1
Lektion 2
Lektion 3
Lektion 4
Lektion 5
Lektion 6
Lektion 7
Lektion 8
Lektion 9
Lektion 10

2 再帰代名詞と再帰動詞

1) 再帰代名詞

ひとつの文の中で主語自身を指す代名詞を**再帰代名詞**といい、**3格**と**4格**があります。

	単数			複数			敬称
	1人称	2人称	3人称	1人称	2人称	3人称	2人称
1格	ich	du	er/sie/es	wir	ihr	sie	Sie
3格	mir	dir	**sich**	uns	euch	**sich**	**sich**
4格	mich	dich	**sich**	uns	euch	**sich**	**sich**

- 1人称と親称の2人称は単数・複数とも人称代名詞と同じです ☞ 35𝔭
- 敬称Sieの再帰代名詞は人称代名詞の場合とは異なり、**小文字**です。

Er setzt **ihn** auf den Stuhl.
└─ 別の人 ─┘　　　　彼は彼（主語とは別の人）をイスに座らせます。

Er setzt <u>sich</u> auf den Stuhl.
└─ 同じ人 ─┘　　　　彼はイスに座ります。

2) 再帰動詞

再帰代名詞と結びついて、ひとつのまとまった意味をなす動詞を**再帰動詞**といいます。多くは4格の再帰代名詞と結びつきますが、3格の再帰代名詞と結びつくものもあります。

sich⁴ freuen　喜ぶ			
ich	freue mich	wir	freuen uns
du	freust dich	ihr	freut euch
er/sie/es	freut sich	sie/Sie	freuen sich

sich⁴ setzen　　　　座る
sich⁴ erkälten　　　かぜをひく
sich⁴ vor|stellen　　自己紹介する
sich³ et⁴ vor|stellen　～を想像する
sich³ et⁴ putzen　　～をきれいにする

Ich habe **mich erkältet**.　私はかぜをひきました。
Ich **putze mir** die Zähne.　私は歯をみがきます。

辞書の見方
再／再帰 ＝再帰動詞
sich³ / sich⁴ ＝再帰代名詞3格／4格

■ 再帰動詞には特定の前置詞と結びついて熟語のような意味になるものがあります。

sich⁴ an ～ erinnern　～を思い出す／覚えている
（4格）

sich⁴ über ～ freuen　　～を喜ぶ
（4格）

sich⁴ auf ～ freuen　～を楽しみにしている
（4格）

sich⁴ für ～ interessieren　～に興味がある
（4格）

Erinnerst du **dich** noch gut **an** ihn?　彼のことをまだよく覚えている？
Sie hat **sich über** das Geschenk sehr **gefreut**.　彼女はその贈り物をとても喜びました。

---

2 次の再帰動詞を現在人称変化させてみましょう。

	sich⁴ setzen	sich³ vor|stellen
ich		
du		
er/sie/es		
wir		
ihr		
sie/Sie		

童話

Die Märchen der Brüder Grimm

Es war einmal ....（童話の冒頭で）昔々〜がおりました。

Hänsel und Gretel

- Es war einmal ein armes Ehepaar.
- Es hatte zwei Kinder, Hänsel und Gretel.
- Es ließ sie alleine im Wald zurück.

Aschenputtel

- Es waren einmal drei Schwestern.
- Die dritte Schwester musste in der Küche fleißig arbeiten.
- Der Königssohn suchte eine Braut.

Rotkäppchen

- Es war einmal ein hübsches Mädchen.
- Die Großmutter schenkte ihm ein rotes Käppchen.
- Man nannte es Rotkäppchen.

Schneewittchen

- Schneewittchen war sehr schön.
- Die Königin war voll Neid.
- Sie machte einen giftigen Apfel.

Lupe ━ ━ ━ ━ ━ ━ ━ ━ ━ 「お互いに」の意味をもつ再帰代名詞 ━ ━ ━ ━ ━ ━ ━ ━ ━

主語が複数形の場合、再帰代名詞は「お互いに(einander)」の意味をもつ「相互代名詞」として用いられることがあります。

Finn und Anna lieben **sich**.　　　　フィンとアンナは（お互いに）愛し合っています。

Wo treffen wir **uns**? – In der Bibliothek.　どこで会いましょうか？ 一図書館で。

Sie helfen **sich**.　　　　　　　　　彼らは（お互いに）助け合っています。

Übungen

1 （　　）内の動詞を過去人称変化させて _____ に入れ、左ページの童話を完成させてみましょう。
☞ **1**

1) ・ Hänsel und Gretel _____ sich im Wald. (verirren)
   ・ Schließlich _____ sie ein Haus aus Brot und Kuchen. (finden)
   ・ Aber das Haus _____ einer Hexe. (gehören)

2) ・ Aschenputtel _____ nicht zu dem Ball gehen. (dürfen)
   ・ Ein Vogel _____ ihm ein prächtiges Kleid und goldene Schuhe _____ .
   (hinunter|werfen)
   ・ Als es auf dem Fest _____ , _____ der Königssohn mit ihm allein.
   (erscheinen / tanzen)

3) ・ Eines Tages _____ Rotkäppchen der Großmutter Kuchen und Wein
   bringen. (wollen)
   ・ Die Großmutter _____ im Wald. (leben)
   ・ Auf dem Weg _____ es einem Wolf. (begegnen)

4) ・ Die Königin _____ sich als Bauersfrau und _____ Schneewittchen
   den giftigen Apfel. (verkleiden / geben)
   ・ Als Schneewittchen den Apfel _____ , _____ es _____ .
   (essen / um|fallen)
   ・ Die Zwerge _____ drei Tage um Schneewittchen. (weinen)

2 適切な再帰代名詞を _____ に入れてみましょう。 ☞ **2**

1) Kannst du _____ ein Leben ohne Wasser vorstellen?
2) Meine Töchter freuen _____ auf die Oper von Mozart.
3) Mein Bruder interessiert _____ für die Märchen der Brüder Grimm.
4) Wir verstehen _____ ganz gut.

ドイツ語文にしてみよう ■■

1) 私たちは土曜日によくレストランに食事に行きました。(essen gehen)

   ----

2) 彼女は毎日宿題をしなければなりませんでした。(die Hausaufgaben machen)

   ----

3) 私はときどき学生時代を思い出します。(meine Studienzeit)

会話しよう

ヴァイマルで
In Weimar.

ライプツィヒ Leipzig
ヴァイマル Weimar

ライプツィヒで建築工学を学んでいるユリがスペイン人の友人マーリオとカフェで昨日のことを話題にしています。

CD 89

 : Wo warst du denn gestern?

 : Ich war in Weimar.

 : Wie war's?

 : Es war toll.
Zuerst habe ich das Nationaltheater und das Liszt-Haus besucht. Dann das Bauhaus-Museum.
Ich interessiere mich schon sehr lange für Bauhaus.

チェックノート

過去のでき事を語るとき（過去形）

CD 90

●昨日はどこにいたの？	:	Wo warst du gestern?
●〜にいたよ。	:	Ich war in (Weimar / Leipzig) .
●どうだった？	:	Wie war's?
●〜だった。	:	Es war (toll) .

ミニ会話 ━━━━━━━━━━━━━━━━ 過去の所在 ━━━━━━━━━━━━━

A : Wo warst du gestern?　　昨日はどこにいたの？
B : Ich war **in Dresden**.　　ドレースデンにいたよ。
A : Wie war's?　　どうだった？
B : Es war **schön**.　　すばらしかった。

in der Post　　an / in der Uni

Ich war

am Meer　　im Museum

interessant　　fantastisch

Es war

furchtbar　　langweilig

Lektion 1
Lektion 2
Lektion 3
Lektion 4
Lektion 5
Lektion 6
Lektion 7
Lektion 8
Lektion 9
Lektion 10

カフェ パウゼ

マイスター
縦と横

Bauhaus

建築家ヴァルター・グロピウス (Walter Gropius 1883-1969) によって、1919年にヴァイマルに創設された芸術造形学校。芸術と工芸、工業技術の融合から建築を中心とする新しい芸術を確立しようとした。‚Bauhaus‘ の ‚Bau‘ には「種をまき、育てる」という意味もある。

マイスターの称号を得るには、国家試験に合格しなければならない。そのためには卓越した技術、充分な経験と知識、弟子たちを教育する指導力、それに経営能力も備えていなければならない。

ドイツと聞けば、自動車・刃物・ビール・ワイン・ソーセージ・パンなどをまっ先に思い浮かべる人も多いはず。それらは、すべてマイスター（職人）の腕によっている。ドイツにはこうした職人・技術者を養成するマイスター制度と呼ばれるシステムがあり、教育制度の一つの柱をなしている。

自分の仕事に独特のこだわりをもち、そこを疎かにしないことが、伝統を維持しつつも、洗練した上質な作品を生み出すことに繋がって行く。そこには、過去から連綿と伝わってきた技術を己のものにし、より良いものにして、次の世代へと伝えていく、いわば「縦の精神性」が、脈々と息づいている。

「縦の　　　」は、マイスターの心意気ともいえよう。たとえ利益率は多少悪くても、過去から伝わってきた、その作品の「精神性」を残し、より質の良い物を作りつづけようとする心意気の賜物が、マイスターの作る製品なのである。

社会状況や経済状況は常に変化している。利益率を重視する企業などは、そういう「横」の状況に対応しながら商品を変化させていく。これは、「横の精神性」を重視する姿勢と言えるかもしれない。

こぼれ話

国籍をドイツにもたずとも、ドイツで修業を積み、ドイツの国家試験に合格すれば、マイスターの称号を誰でも持つことができる。現在では、世界各国からドイツにマイスターの称号を得るため修業に来ている人が数多くいる（写真は、ドイツで食肉加工のマイスターの称号を取り、現在名古屋でハム・ソーセージ店を営んでいる秋田健博さんの店）。

「縦の精神性」は、過去からの絆と同時に、未来への絆も大切にする心意気だ。自分が生きている「今」を起点に枝を伸ばし、栄養をしっかり得て、自らをより大きな木に育てて、未来へ、より良い技を伝えていく、そういう仕事ができれば幸せだろう。

今を生きているわれわれは、「横」の広がりの関係性を考えて振舞わなければならない。が、過去の遺産を背負って生きているという「縦の関係性」を自覚しなければならない。

Weimar, ein wichtiges Kulturzentrum
ドイツ屈指の文化都市 ヴァイマル

Yuri setzt sich auf einen Stuhl und erzählt Mario von Weimar: Weimar ist ein wichtiges Kulturzentrum. Hier blühte die klassische deutsche Literatur. Liszt und Wagner arbeiteten auch dort. Der Philosoph Nietzsche verbrachte seine letzten Lebensjahre ebenfalls in Weimar. Und im Jahr 1919 gründete Gropius das Bauhaus. Er schuf einen neuen Stil in Architektur und im Industriedesign. Handwerkliche und künstlerische Gestaltung gehörte im Bauhaus zusammen.

Romantische Straße

„Man reist nicht um anzukommen, sondern um zu reisen." (Goethe)
「人が旅をするのは、目的地に到着するためでなく、旅をするためである。」

外国人観光客に特に人気があるのが、ヴュルツブルクからフュッセンを結ぶロマンチック街道。この街道名は、その昔ローマ軍がヨーロッパを支配するために造った「ローマへの道」に由来している。

ロマンチックな（ロマンに溢れた）街道ではないが、この街道のおかげでブドウの樹がヨーロッパに伝播し、ワイン作りが広まることとなり、愛を語らう男女のロマンを演出するのに一役買っている。

Verstanden?! ■

上のドイツ語文を読んで、正しい動詞を（　　）から選んでみましょう。

1. Schon früher (ist / hatte / war) Weimar eine wichtige kulturelle Stadt.
2. Damals (schrieben / gaben / brachten) Goethe und Schiller hier viele Meisterwerke.
3. Auch Liszt und Wagner (reisten / arbeiteten / studierten) tüchtig in Weimar.
4. Damals (ist / war / hatte) das Bauhaus von Gropius ganz neu.
5. Gropius schuf einen neuen (musikalischen / literarischen / architektonischen) Stil.

Weimar
その光と影

Nationaltheater
ドイツ古典主義文化の都ヴァイマル
ゲーテとシラーの作品が初演され、リスト、シューマン、リヒャルト・シュトラウスらも活躍した。1919 年には、ドイツ最初の共和国、ヴァイマル共和国の憲法が採択された。

Goethe-Schiller-Denkmal
ゲーテ (1749-1832) とシラー (1759-1805) の熱い友情のあかし。二人は、文学史上稀にみる美しい友情で結ばれ、ドイツ古典主義の黄金時代を築きあげた。1805 年、シラーが死んだとき、ゲーテは自分の存在の半分が失われたと嘆いたほど。

ゲーテ

シラー

Schillerhaus
シラーの住居で、ベートーヴェンの交響曲第 9 番「歓喜の歌」„An die Freude“の歌詩を書いた場所。「太陽が輝くかぎり、希望もまた輝く」„So weit die Sonne leuchtet, ist die Hoffnung auch.“ という名言を遺している。

Goethes Wohnhaus
市中心部にあるゲーテの旧邸宅。ヴァイマル国民劇場から300mほどの場所にある。

Gedenkstätte Buchenwald
人間の倒錯と抵抗の象徴

ヴァイマルの中心部から北西へ約10kmのところにある、かつてのナチスの強制収容所。1937 ～ 45年まで、32 ヶ国から約25万人が収容され、5万5千人以上が、強制労働や飢え、処刑により命を落とした。ドイツ史のもっともいまわしい一章を追憶する場となっている。

Bauhaus
近代デザイン運動の発祥地

教授陣にはパウル・クレーやカンディンスキーも加わった。手工業的、芸術的造形が一体となっているのが特徴。単純な幾何学的な形、純色、素材の特性を生かすことが基本。学校は1925 年、政治的理由からデッサウ (Dessau) に移ったが、そこもナチスによって追われる憂き目にあった。ナチスの暗い影はここにも及んでいた！

Grammatik

ドイツ語のきまり

1 zu 不定詞（句）

不定詞（動詞の原形）の直前にzuをつけたものを **zu不定詞** といいます。
ただし、分離動詞の場合にはzuを前つづりと基礎動詞の間に入れ、全体を1語で書きます。

zu 不定詞に副詞や目的語など他の語句を結びつけたものを **zu不定詞句** といいます。zu不定詞句では
zu 不定詞が必ず最後 に置かれます。

zu 不定詞
nach Köln **zu fahren**
zu 不定詞句

zu 不定詞
um sieben **aufzustehen**
zu 不定詞句

分離動詞の場合には、前つづりと
基礎動詞の間に zu を入れます。

■ zu 不定詞句の主な用法
1）名詞的用法：「〜すること」
　①主語として
　　Nach Köln **zu fahren** ist mein Traum.　　　　　ケルンへ行くことが私の夢です。
　　= *Es* ist mein Traum, nach Köln **zu fahren**.（es は仮の主語 ☞ 95ﾍﾟｰｼﾞ）

zu不定詞句は文の他の部分とコンマで区切ることがあります。

　②目的語として
　　Ich hoffe, einmal in Köln **zu wohnen**.　　　　私は一度ケルンで暮すことを望んでいます。

2）形容詞的用法：直前の名詞の内容を説明する
　　Er hat *die Gewohnheit*, früh **aufzustehen**.　　　彼には早起きの習慣があります。

3）副詞的用法：um, ohne, statt と結びついて

　　　um ... zu不定詞　〜するために　　　　ohne ... zu不定詞　〜することなしに
　　　statt ... zu不定詞　〜する代わりに

　　Sie spart Geld, **um** ein Auto **zu kaufen**.　　　彼女は車を買うために貯金しています。
　　Er ging weg, **ohne** ein Wort **zu sagen**.　　　彼は一言も言わずに立ち去りました。
　　Ich rufe Max an, **statt** ihn **zu besuchen**.　　　私はマックスを訪ねる代わりに電話をかけます。

ミニ練習 ■■■

1 次の語句をzu 不定詞句にしてみましょう。

　　1）in den Ferien jobben　休暇中にアルバイトをする　→ ....

　　2）heute in die Stadt fahren　今日町へ行く　　　→ ....

　　3）in Köln an|kommen　ケルンに到着する　　　　→ ....

　　4）die Tür auf|machen　ドアを開ける　　　　　　→ ....

2　関係代名詞

	男 性	女 性	中 性	複 数
1 格 ～は／が	der	die	das	die
2 格 ～の	dessen	deren	dessen	deren
3 格 ～に	dem	der	dem	denen
4 格 ～を	den	die	das	die

• 不定関係代名詞wer, was については☞ 99☞

関係代名詞は、二つの文を結びつける働きと、前に出てきた名詞（先行詞）を受ける代名詞の働き
をします。関係代名詞ではじまる文を関係文と言います。

1）関係代名詞には人とものの区別はなく、その性と数は先行詞（関係代名詞が修飾する名詞）と一致し
　　ます。
2）関係代名詞の格は関係文の中での役割によって決まります。
3）関係文は副文なので定動詞は文末に置かれ、主文と関係文はコンマで区切ります。

男4格　　　　　　　　　男1格
Ich kenne **den Mann**.　　　**Der Mann** woht in Köln.

私はその男性を知っています。　　　その男性はケルンに住んでいます。

先行詞　　関係代名詞●
Ich kenne **den Mann**, der in Köln **wohnt**.

関係文（定動詞は文末）

> 関係代名詞の性は先行詞と同じ男を、格は
> 関係文中で主語1格なのでderを選びます。

私はケルンに住んでいるその男性を知っています。

> 関係代名詞2格は名詞を前から修飾します。

dessen Haare blond **sind**.　［その男性の］髪がブロンドの

dem Hans die Fotos **zeigt**.　［その男性に］ハンスが写真を見せている

Ich kenne den Mann,　　　**den** Alex morgen **besucht**.　［その男性を］アレックスが明日訪ねる

mit dem Lea ins Café **geht**.　［その男性と］一緒にレアがカフェへ行く

> 関係代名詞が前置詞とともに用いられ
> るときは、関係代名詞は前置詞の後に置
> かれ、前置詞の格支配を受けます。

2　　＿＿＿に関係代名詞を入れてみましょう。

1）Kennen Sie die Studentin, ＿＿＿＿＿＿＿ am Fenster sitzt?

2）Dort steht das Mädchen, ＿＿＿＿＿＿＿ ich gestern im Café gesehen habe.

3）Der Pullover, ＿＿＿＿＿＿＿ du heute trägst, ist sehr schön.

4）Der Mann, auf ＿＿＿＿＿＿＿ Hans wartet, heißt Schmidt.

祝祭 CD 93
Feste

der Adventskranz

der Weihnachtsabend

Weihnachten

der Weihnachtsmarkt

der Weihnachtsmann

der Weihnachtsbaum

die Weihnachtskarte

das Silvester

das Neujahr

das Fest

feiern

der Karneval

 Lupe ■ ■ ■ ■ ■ ■ ■ ■ ■ ■ ■ ■ ■ ■ ■ ■ ■ ■ お祝いの言葉 ■ ■ ■ ■ ■ ■ ■ ■ ■ ■ ■ ■ ■ ■ ■

Frohe Weihnachten! — メリークリスマス CD 94

Glückliches neues Jahr! / Prosit Neujahr! — 新年おめでとう

Herzlichen Glückwunsch zum Geburtstag! — 誕生日おめでとう

Alles Gute zur Hochzeit! — 結婚おめでとう

Übungen

1 （　）内の語句をzu不定詞句にして ____ に入れ、日本語に訳してみましょう。👉 **1**

1) Es ist verboten, _____ .
   (hier parken)

2) Wir haben vor, _____ .
   (heute an dem Fest teil|nehmen)

3) Ich habe keine Zeit, _____ .
   (Weihnachtskarten schreiben)

4) Haben Sie Lust, _____ ?
   (mit uns den Karneval besuchen)

5) Alex geht in die Schule, _____ .
   (ohne Frühstück essen)

6) Ich benutze lieber die Kreditkarte, _____ .
   (statt bar bezahlen)

7) Was machen Sie, _____ ?
   (um einen neuen Job bekommen)

2 ____ に関係代名詞を入れてみましょう。👉 **2**

1) Das ist der Weihnachtsbaum, _____ ich auf dem Markt gekauft habe.

2) Ich habe einen Freund, _____ Vater Koch ist.

3) Alex freut sich auf den Weihnachtsmann, _____ ihm ein Geschenk gibt.

4) Der Adventskranz hat vier Kerzen, _____ man nacheinander anzündet.

5) Dort ist der Weihnachtsmarkt, auf _____ man viele Dinge kaufen kann.

正しく並べ替えよう ━━━━━━━━━━━━━━━━━━━━━━━━

1) (auf den Weihnachtsmarkt / Lust / hast / du / zu / gehen)　クリスマスマーケットに行く気ある？

_____

2) (vergessen / Eva / hat / Wein / zu / kaufen)　エーファはワインを買い忘れました。

_____

3) (besucht / wir / eine Stadt / haben / die / heißt / Köln)　私たちはケルンという名の町を訪れました。

_____

会話しよう

冬休みに
In den Winterferien

ケルン
Köln

ケルン出身のエーファは日本語を学ぶために来日した留学生。同じ大学に通うジュンに
冬休みの予定を尋ねます。

CD 97

 : Jun, was hast du in den Winterferien vor?

 : Ich habe vor, ein Fest in Akita zu besuchen.
Das ist ein traditionelles Fest, bei dem die Männer
mit einer schrecklichen Maske die Kinder
erschrecken.

 : Interessant! In Köln feiern wir jedes Jahr den Karneval.
Da verkleiden sich die Menschen auch.

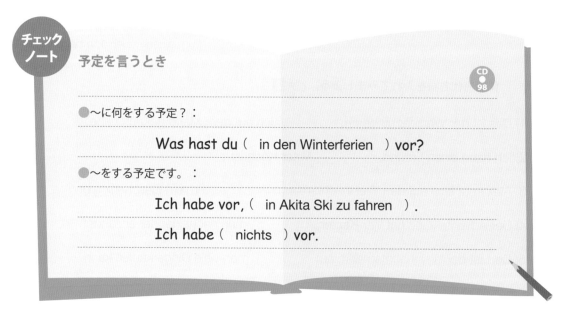

チェック
ノート

予定を言うとき

CD 98

● 〜に何をする予定？ :

Was hast du（ in den Winterferien ）vor?

● 〜をする予定です。 :

Ich habe vor,（ in Akita Ski zu fahren ）.

Ich habe（ nichts ）vor.

ミニ会話 ・・・・・・・・・・・・・・・・・・・・・「〜をする予定です」・・・・・・・・・・・・・・・・・・・・・・・・・

Was hast du in den Winterferien vor?　冬休みに何をする予定なの？

Ich habe vor,
Ski zu fahren.　　　　　　　　スキーをする
Schlittschuh zu laufen.　　　　スケートをする
eine Reise zu machen.　　　　旅行する
zu meinen Eltern zu fahren.　両親宅へ帰省する

祭り
西と東

カーニバル（謝肉祭 Karneval）は「肉よおさらばじゃ」を意味するラテン語に由来し、春を迎えるために冬の悪霊を追い払う祭りだ。ドイツのシュヴァーベン地方やスイスではFastnacht（断食の前夜）、バイエルン地方ではFasching（断酒前の飲酒）と呼ばれる。毎年2月にケルンで開催されるカーニバルがドイツ最大だ。「バラの月曜日」には山車や音楽隊が町を練り歩き、ピエロや魔女、動物などに仮装をした人々がはめをはずして大騒ぎする。

「悪い子はいねーがー」「怠け者はいねーがー」。恐ろしい鬼の面と蓑を身につけ、大みそかに伝わる民間行事だ。るなまはげは、秋田県の男鹿半島に伝わる民間行事だ。子どもが言うことをきかないときは、「なまはげ」と口にするだけでおとなしくなるのだとか。

打ち上げ花火は夏の風物詩。だがドイツでは主に大みそかに打ち上げられる。俗説では、ゆく年と来る年のすき間から悪魔が忍び寄ってくるのだそうだ。でも悪魔は騒音が苦手。人々は午前0時をめざして花火を打ち上げ、爆竹をならして悪魔を追い払う。乾杯しながら新年の到来を祝う。

歌川広重「名所江戸百景 両国花火」

日本の花火大会では東京両国の隅田川花火大会が有名。1733年8代将軍徳川吉宗が、享保の大飢饉や疫病で死亡した人々の霊を慰め、悪霊の退散祈願のために大川端で花火を打ち上げたことに始まる。日本の花火にも悪霊払いや慰霊の意味があるのだ。

こぼれ話

日本の打ち上げ花火は球状に広がるのが普通だ。火薬の入った玉自体が球形だからだ。他方、欧米では円筒形の容器を使い、柳の形のように一方に開くタイプが多かった。日本では、花火はたいてい川で打ち上げるため、観客がどの方向からも同じ形で鑑賞できるように、また、菊や牡丹などの花に見せるのが花火だという考え方にもとづいている。それに対しヨーロッパでは、花火は貴族の館の裏手などから打ち上げられていて、観客は一定の方向からしか鑑賞しなかったので球形でない花火でもよかったという。ごまかしのきかない円い花火が、日本の花火技術を世界一にまで向上させたわけだ。

Kölnisch Wasser ケルンの水

Köln ist eine Stadt, die als Kolonie im römischen Reich erbaut wurde*. Ein beliebtes Souvenir aus Köln ist Kölnisch Wasser. 1709 produzierte und verkaufte der Italiener Johann Maria Farina das Parfüm in Köln. Er machte es aus verschiedenen Ölen und Kräutern, und nannte es auf Französisch „Eau de Cologne", nach seiner Wahlheimat. Seitdem gaben viele berühmte und reiche Menschen, z.B. Goethe, Napoleon und Königin Viktoria, viel Geld aus, um diesen Wohlgeruch zu bekommen. *erbauenの受動形・過去☞100☞

ドイツのビールとワイン

Kölsch
ケルンを代表するビール。甘い香りと苦みが調和したさわやかな飲み心地です

Altbier
濃色が特徴のデュッセルドルフ産ビール

Pils
細かい泡＆ホップの効いたほどよい苦みが人気

Rauchbier
バンベルクで造られます。香ばしさと苦みが特徴

Weizenbier
バイエルン地方の特産で、小麦が主原料のコクのあるビール

Berliner Weiße
ジュースなどで割ったカクテルビール

Franken
フランケンボトルの形が特徴。良質の白ワイン

Mosel-Saar-Ruwer
モーゼル・ザール・ルーヴァー
フルーティーで酸味のある白ワイン

Rheinhessen
ラインヘッセン
ドイツ最大の生産量。まろやかな酸味がある

Rheingau
ラインガウ
ライン川沿いで生産される最高級ワイン

Baden
バーデン
最南端にあり、種類や味もさまざま

Verstanden?! ∎∎∎∎∎∎∎∎∎∎∎∎∎∎∎∎∎∎∎∎∎∎∎∎∎∎∎∎∎∎∎∎∎∎∎∎∎∎

上のドイツ語文の内容に合っているものを4つ選んでみましょう。

1. ケルンはローマ帝国が建設した都市です。
2. オーデコロンはケルンで人気のお土産です。
3. オーデコロンがはじめて製造・販売されたのはフランスでした。
4. ファリナは自作の香水を第二の故郷ケルンにちなんで「オーデコロン」と名づけました。
5. 多くの著名人はオーデコロンの芳香を手に入れるために費用を惜しみませんでした。

Köln
古都ケルン

Kölner Dom

ケルンはローマ帝国の植民市（ラテン語でcolonia）として建設された古都で、町のシンボルは世界遺産に登録されているケルン大聖堂。600年以上の歳月をかけて完成されたゴシック様式の大聖堂は高さが157メートルあり、塔の中を階段で登ることができる。

Römisch-Germanisches Museum Köln

大聖堂のすぐ横にあるローマ・ゲルマン博物館では、古代ローマ人がケルンを統治していた当時の遺産を見学できる。「デュオニュソス・モザイク」は一見の価値あり。古代ローマのガラス製品のコレクションは世界最大級。

Kölnisch Wasser

オーデコロン（ケルンの水）「4711」。あなたもケルンの香りを試してみてはいかが!?

Schokoladen-museum

チョコレート博物館では、チョコレートの歴史やチョコの製造過程を見学できる他、カカオ型のチョコ・ファウンテンで、できたてのチョコをウエハースにつけて試食させてくれる。

RheinEnergieStadion

2006年ワールドカップドイツ大会で使用されたスタジアム。現在はFCケルンのホームスタジアムだ。1970年代末、FCケルンでプレーした奥寺康彦は日本人初のプロサッカー選手。

Schloss Augustusburg

ケルン郊外にあるアウグストゥスブルク城は、1984年世界文化遺産に登録された。この城は18世紀はじめ選帝侯を兼ねたケルン大司教ヴィッテルスバッハ家のクレメンテス・アウグスト・フォン・バイエルンによって建造された。ロココ様式の壮麗な宮殿には圧倒される。庭園と別邸もゆっくり見学したい。

Kölner Zoo

1860年に開園したケルン動物園は、ドイツで3番めに古い動物園。2004年にオープンした2ヘクタールのゾウ舎は、アフリカ象の群れの飼育と繁殖をめざしていて、自然のゾウの姿に近いと言われる。

Lektion 1
Lektion 2
Lektion 3
Lektion 4
Lektion 5
Lektion 6
Lektion 7
Lektion 8
Lektion 9
Lektion 10

1) 基数

0 null	10 zehn	20 *zwan*zig
1 eins	11 *elf*	21 *ein*undzwanzig
2 zwei	12 *zwölf*	22 zweiundzwanzig
3 drei	13 dreizehn	30 drei*ß*ig
4 vier	14 vierzehn	40 vierzig
5 fünf	15 fünfzehn	50 fünfzig
6 sechs	16 *sech*zehn	60 *sech*zig
7 sieben	17 *sieb*zehn	70 *sieb*zig
8 acht	18 achtzehn	80 achtzig
9 neun	19 neunzehn	90 neunzig

100	[ein]hundert	
1 000	[ein]tausend	
10 000	zehntausend	3241（数）dreitausendzweihunderteinundvierzig
100 000	hunderttausend	2001 年 zweitausendeins
1 000 000	eine Million	2024 年 zweitausendvierundzwanzig

2) 序数：「～番目の」

原則として 19 までは基数に **-t** を、20 以上は **-st** をつけます。数字で表す場合は数の右下に . をつけます。

1. *ers**t***	8. *ach**t***	20. zwanzig**st**
2. zwei**t**	9. neun**t**	21. einundzwanzig**st**
3. *drit**t***	10. zehn**t**	30. dreißig**st**
4. vier**t**	11. elf**t**	40. vierzig**st**
5. fünf**t**	12. zwölf**t**	100. hundert**st**
6. sechs**t**	13. dreizehn**t**	101. hunder*ter***st**
7. *sieb[en]**t***	19. neunzehn**t**	1000. tausend**st**

Sein **zweit**es Kind heißt Max.　　　　　　彼の二番目の子供はマックスと言います。

Der Wievielte ist heute? / Den Wievielten haben wir heute?

今日は何日ですか。

Heute ist **der 3**. (dritte) Juni.　　　　　今日は 6 月 3 日です。

Ich bin **am 17**. (siebzehnt**en**) Juli geboren.　私は 7 月 17 日に生まれました。

曜日・月・四季

■ 曜日（すべて男性名詞）

月曜日	Montag	金曜日	Freitag
火曜日	Dienstag	土曜日	Samstag（ドイツ北部・東部でSonnabend）
水曜日	Mittwoch	日曜日	Sonntag
木曜日	Donnerstag		

＊「〜曜日に」はam ~ で表します。

Am Sonntag spielen wir Tennis.　　日曜日に私たちはテニスをします。

■ 月（すべて男性名詞）

1月	Januar	5月	Mai	9月	September
2月	Februar	6月	Juni	10月	Oktober
3月	März	7月	Juli	11月	November
4月	April	8月	August	12月	Dezember

＊「〜月に」はim ~ で表します。

Im August fahre ich nach Deutschland.　　8月に私はドイツへ行きます。

■ 四季（すべて男性名詞）

春	Frühling	秋	Herbst
夏	Sommer	冬	Winter

＊「〜（季節）に」はim ~ で表します。

Im Sommer schwimme ich jeden Tag.　　夏には私は毎日泳ぎます。

文法の補足 | Ergänzung

Lektion ▶ I

1 注意すべき動詞の現在人称変化 (☞10ページ)

1) 語幹が -d, -t などで終わる動詞

finden (見つける), arbeiten (働く), öffnen (開ける) などの動詞では、主語が du, er/sie/es, ihr のとき、発音の都合で**e**を入れます。これを「口調の**e**」といいます。

finden 見つける			
ich	find**e**	wir	find**en**
du	find**est**	ihr	find**et**
er / sie / es	find**et**	sie	find**en**
Sie find**en**			

2) 語幹が -s, -ß, -z などで終わる動詞

reisen (旅行する), heißen (〜という名である), tanzen (踊る) などの動詞では、主語が**du**のとき、発音の都合で語尾-st の**s**が脱落し、-t だけの語尾になります。

reisen 旅行する			
ich	reis**e**	wir	reis**en**
du	reis**t**	ihr	reis**t**
er / sie / es	reis**t**	sie	reis**en**
Sie reis**en**			

2 doch の用法 (☞11ページ)

否定の疑問文に対して肯定で答えるときはjaの代わりに**doch** を使います。

- ・肯定の疑問文：Sind Sie Student?　　　　– Ja, ich bin Student.　　　はい、学生です。
  あなたは学生ですか？　　　　　　　　– Nein, ich bin nicht Student.
  　　　　　　　　　　　　　　　　　　　　　　　　　　　いいえ、学生ではありません。
- ・否定の疑問文：Sind Sie **nicht** Student?– **Doch**, ich bin Student.　　いいえ、学生です。
  あなたは学生ではないのですか？　　– Nein, ich bin nicht Student.
  　　　　　　　　　　　　　　　　　　　　　　　　　　　はい、学生ではありません。

疑問文に対してneinで答えた場合にnicht を使わずに肯定文で続けることもできます。

Ist er Student? 彼は学生ですか。　　　　　　　　– **Nein**, er ist Lehrer.　いいえ、彼は教師です。

Ist er **nicht** Student? 彼は学生ではないのですか。– **Nein**, er ist Lehrer. はい、彼は教師です。

1 名詞の性 (☞18ﾍﾟ)

名詞の中には、語形によって性のわかるものがあります。

1）男性名詞 男 (*m.*) der

① -er, -ler, -ner で終わる人を表すすべての名詞（Japaner 日本人、Lehrer 教師、Schüler 生徒、Redner 講演者、など）

② 動詞の語幹による名詞の大部分（Fall 落下、Schlaf 睡眠、など）

③ -en で終わる名詞の大部分（Boden 土地、Garten 庭、Wagen 自動車、など）

2）女性名詞 女 (*f.*) die

① -in で終わる人を表すすべての名詞（Japanerin 日本人女性、Studentin 女子学生、など）

② -ei, -heit, -keit, -schaft, -ung で終わるすべての名詞（Malerei 絵画、Freiheit 自由、Schwierigkeit 困難、Mannschaft スポーツチーム、Zeitung 新聞、など）

③ -e で終わる名詞の大部分（Straße 通り、Karte カード、Banane バナナ、など）

④ -ik, -ion, -tät, -ur で終わるすべての外来名詞（Musik 音楽、Nation 国民、Universität 大学、Kultur 文化、など）

3）中性名詞 中 (*n.*) das

① -chen, -lein で終わるすべての名詞（Märchen 童話、Büchlein 小冊子、など）

② 名詞化された不定詞のすべて（Essen 食事、Leben 生命、など）

③ Ge-e の大多数（Gebäude 建物、Gebirge 山脈、など）

2 男性弱変化名詞 (☞18ﾍﾟ)

男性名詞のうち、単数1格以外で -(e)n となるものがあります。多くは人・動物を表し、-e, -ent, -ist で終わる名詞です。これらは男性弱変化名詞と呼ばれます。

	単数	複数
1 格	der Student	die Studenten
2 格	des Studenten	der Studenten
3 格	dem Studenten	den Studenten
4 格	den Studenten	die Studenten

1) 人　　：Junge 少年、Kollege 同僚、Mensch 人間、など

2) 動　物：Affe 猿、Bär 熊、Hase ウサギ、Löwe ライオン、など

3) 外来語：Patient 患者、Pianist ピアニスト、Polizist 警察官、など

3 冠詞をつけないとき (☞18ﾍﾟ)

職業・身分、国籍を紹介するときや、言語、学問、スポーツ、楽器、飲みものなどには原則として冠詞はつけません。

Er ist **Student**. （職業・身分）　　Ich bin **Japaner**. （国籍）　　Sie studiert **Physik**. （学問）

Wir spielen **Fußball**. （スポーツ）　　Ich spiele **Violine**. （楽器）　　Trinkst du **Kaffee**? （飲みもの）

4 名詞の複数形 (☞19ジ)

	略号	単数1格 → 複数1格	幹母音a, o, u, auの変音など
(1) 無語尾型	(··)	der Lehrer → die Lehrer der Vater → die Väter	・変音するものもある。 ・男性・中性名詞に多い。女性名詞はdie Mutter, ·· と die Tochter, ·· のみ。
(2) e型	(··)e	das Heft → die Hefte der Hut → die Hüte	・変音するものもある。 ・一音節の男性名詞に多い。*
(3) er型	··er	das Kind → die Kinder das Buch → die Bücher	・変音する。 ・一音節の中性名詞に多く、女性名詞は一つもない。
(4) (e)n型	-(e)n	die Tasche → die Taschen die Frau → die Frauen	・変音しない。 ・女性名詞に多い。
(5) s型	-s	das Auto → die Autos das Handy → die Handys	・変音しない。 ・外来語のみ（Auto, Handy, Kamera, Hotelなど）。

＊「一音節の名詞」とは、Buchのように母音が一つしかなく、区切りなく発音できる名詞のことです。

5 注意すべき複数形 (☞19ジ)

1) 人や動物を表す -in で終わる女性名詞の複数形は、nを重ねて -nen となります。

単数形：die Japanerin （女性の日本人）　→ 複数形：die Japanerin**nen**
単数形：die Studentin （女子学生）　　→ 複数形：die Studentin**nen**

2) 古典語に由来する外来語の中には特殊な形になるものがあります。

単数形：das Museum （博物館）　→ 複数形：die **Museen**
単数形：das Thema （テーマ）　　→ 複数形：die **Themen**

6 指示代名詞 der, die, das ; die (☞20ジ)

指示代名詞 der, die, das ; die（この〜、その〜、あの〜 / これ、それ、あれ）は、前出の人や事物を、定冠詞や人称代名詞よりも強く指し示す力を持っています（定冠詞はこの指示代名詞から生まれました）。

名詞と共に用いられるときには定冠詞と同じ格変化 (☞18ジ) をしますが、単独で名詞的に使われるときには関係代名詞と同じ格変化 (☞83ジ) をします。

名詞と共に：**Der** Hut hier ist preiswert.　こちらのこの帽子は割安です。
（デーア）

単独で　　：Gut, **den** nehme ich.　　　では、それをいただくわ。
（デーン）

＊定冠詞とは異なり、指示代名詞には常にアクセントがあります。
＊単独で名詞的に使われる das は、性・数に関係なく用いられます (☞20ジ)。

Lektion ▸ 3

1 注意すべき命令形 (☞26ﾟ)

1）du に対する命令形では、Geh! のように─! の形が多く用いられます。Gehe! のような─e! の形は文語的で硬く、不自然な印象を与えるので、日常的にはあまり用いられません。

2）ただし、finden, arbeiten のように語幹が -d,-t などで終わる動詞は、du に対する命令形で─e!、ihr に対する命令形で─et! の語尾になります。

    duに対して：Find**e**!   Arbeit**e**!

    ihrに対して：Find**et**!   Arbeit**et**!

3）sprechen, sehen など、現在人称変化の2人称・3人称単数で幹母音が e から i(e) に変化する不規則動詞は、du に対する命令文でも幹母音を i(e) の形にして、語尾を省きます。

    Spr**i**ch langsam!   ゆっくり話して！

    S**ie**h den Mann dort!   あそこの男性を見て！

    ＊ただし fahren のような a → ä タイプの動詞の場合は、du に対する命令文で幹母音を ä にはしません。

    Schl**a**f gut!   おやすみ！

2 es のその他の用法 (☞51, 82ﾟ)

1）副文を先取りして

    Es ist sicher, *dass er in Berlin wohnt*.   彼がベルリンに住んでいるということは確かです。

2）zu不定詞句を先取りして

    Es ist mein Wunsch, *in Deutschland zu wohnen*.   ドイツで暮すことが私の望みです。

Lektion ▸ 4

1 所有冠詞 unser, euer (☞34ﾟ)

    unser (私たちの), euer (君たちの) は、語尾がつくと語幹の -e が脱落することがあります。

	男性		女性		中性		複数	
1格	unser	Vater	uns(e)**re**	Mutter	unser	Kind	uns(e)**re**	Kinder
2格	uns(e)**res**	Vaters	uns(e)**rer**	Mutter	uns(e)**res**	Kind(e)s	uns(e)**rer**	Kinder
3格	uns(e)**rem**	Vater	uns(e)**rer**	Mutter	uns(e)**rem**	Kind	uns(e)**ren**	Kindern
4格	uns(e)**ren**	Vater	uns(e)**re**	Mutter	unser	Kind	uns(e)**re**	Kinder

	男性		女性		中性		複数	
1格	euer	Vater	eu(e)**re**	Mutter	euer	Kind	eu(e)**re**	Kinder
2格	eu(e)**res**	Vaters	eu(e)**rer**	Mutter	eu(e)**res**	Kind(e)s	eu(e)**rer**	Kinder
3格	eu(e)**rem**	Vater	eu(e)**rer**	Mutter	eu(e)**rem**	Kind	eu(e)**ren**	Kindern
4格	eu(e)**ren**	Vater	eu(e)**re**	Mutter	euer	Kind	eu(e)**re**	Kinder

2 kein を用いる場合 (☞36㌻)

1) 不定冠詞つきの名詞を否定する場合

Ich habe *ein Auto*. → Ich habe **kein** *Auto*.　　私は車を持っていません。

2) 無冠詞の名詞を否定する場合

Ich trinke *Tee*. (物質名詞) → Ich trinke **keinen** *Tee*.　　私はお茶を飲みません。

Ich habe *Hunger*. (抽象名詞) → Ich habe **keinen** *Hunger*.　私は空腹ではありません。

Ich habe *Kinder*. (無冠詞の複数＝単数ならば ein がつく名詞の複数形)

→ Ich habe **keine** *Kinder*.　　私には子供はいません。

3 nicht の位置 (☞36㌻)

1) 文全体を否定するときは、一般に nicht を文末に置きます。

Ich kaufe die Kamera **nicht**.　　私はそのカメラを買いません（全体否定）。

2) 特定の語（句）を否定するときは、否定したい語（句）の直前に nicht を置きます。

Ich kaufe **nicht** die Kamera.　　私はそのカメラは買いません（部分否定）。

3) ただし、動詞とある語（句）が密接に結びついている場合は、nicht はその語（句）の直前に置かれます。主に以下の場合があります。

① 動詞＋自立性を失った目的語

Ich *spiele* **nicht** *Klavier*.　　私はピアノを弾きません。　× Ich spiele Klavier nicht.

Ich *fahre* **nicht** *Auto*.　　私は車を運転しません。　× Ich fahre Auto nicht.

＊これらの目的語 Klavier, Auto は、特定のピアノや車を指していないので冠詞類はついておらず、自立性を失って、ひとかたまりの動詞のようにとらえられます。

② 動詞＋方向を表す語（句）

Ich *fahre* **nicht** *nach Berlin*.　　私はベルリンへ行きません。　× Ich fahre nach Berlin nicht.

③ sein, werden, bleiben＋補語

Ich *bin* **nicht** *krank*.　　私は病気ではありません。　× Ich bin krank nicht.

Ich *werde* **nicht** *Lehrer*.　　私は教師にはなりません。　× Ich werde Lehrer nicht.

Lektion ▸ 5

1 2格支配の前置詞 (☞42㌻)

statt ~ (2格)　　～の代わりに　　　　trotz ~ (2格)　　～にもかかわらず

während ~ (2格)　～の間じゅう　　　　wegen ~ (2格)　～のために　　　など

Frau Bauer kommt **wegen** *einer Krankheit* nicht.　　バウアーさんは病気のため来ません。

Während *der Ferien* mache ich den Führerschein.　休みの間に私は運転免許をとります。

2 前置詞と人称代名詞・疑問代名詞の融合形

· 前置詞が〈物・こと〉を表す人称代名詞と一緒に用いられるときは、〈**da**+ 前置詞〉（前置詞が母音で始まるときは〈**dar**+ 前置詞〉）の形になります。

Fahren Sie mit diesem Bus? あなたはこのバスで行くのですか？
  – Ja, ich fahre **damit**. はい、バスで行きます。
  ＊ der Bus は物なので、mit ihm とはならずに damit という形になります。

· 疑問代名詞 was が前置詞と一緒に用いられるときは、〈**wo(r)**+ 前置詞〉の形になります。

Womit fahren wir? 何で行きましょうか？
  – Mit der U-Bahn. 地下鉄で。
Worüber sprecht ihr? 何について話しているの？
  – Wir sprechen über die Arbeit. 仕事のことだよ。

Lektion ▸ 6

1 未来形、意志や推量を表す助動詞 werden (☞50ᵍ)

未来を表す副詞があるときは、未来の助動詞 werden を用いず、現在形で表すことが多いです。

Morgen spielen wir Fußball. 明日私たちはサッカーをします。

werden は主語が１人称の場合、「〜するつもりだ」という意志を表す助動詞としても使われます。

Das **werde** ich nie vergessen. そのことを私は決して忘れないつもりです。

また werden は「〜だろう」という推量を表す助動詞としても用いられます。

Er **wird** wohl in Berlin sein. 彼はたぶんベルリンにいるでしょう。

2 副詞的接続詞 (☞51ᵍ)

ドイツ語の接続詞には、並列の接続詞 (☞28ᵍ)、従属の接続詞 (☞51ᵍ)、副詞的接続詞、があります。

also それゆえ   dann それから   deshalb それだから
sonst さもなければ   trotzdem それにもかかわらず   など

これらの副詞的接続詞が文頭に置かれると、定動詞 + 主語の順になります。

Es regnet, **also** *bleibe ich* zu Hause. 雨が降っている、だから私は家にいます。
Zuerst macht Moe Hausaufgaben, **dann** *geht sie* ins Kino.
  モエはまず宿題をして、それから映画を見に行きます。
Du musst jetzt losgehen, **sonst** *verpasst du* den Zug.
  もう出かけなければ。さもないと列車に乗り遅れてしまうよ。

1 注意すべき形容詞の語尾変化 (☞58頁)

- hoch（高い）は、付加語的用法では、-ch の c が脱落して、hoh- となります。

  Der Turm ist sehr ho<u>ch</u>. その塔は高い。   ein ho<u>h</u>er Turm 高い塔

- -el に終わる形容詞は、語尾変化するさいに -el の e が脱落します。

  dunk<u>el</u>（暗い）   →   ein dunkles Zimmer 暗い部屋

                        dunkle Straße 暗い通り

- -er に終わる形容詞は、-er の e が脱落することがあります。

  teu<u>er</u>（高価な）   →   Der Computer ist sehr teuer. このコンピューターはとても高価です。

                        ein teu(e)rer Computer 高価なコンピューター

2 形容詞の名詞化

形容詞は**語頭を大文字**にして名詞的に用いることができます。男性・女性・複数は〈人〉を、中性は〈もの・こと〉を表します。

男1格	女1格	複1格	中 1格
金髪の男性	金髪の女性	金髪の人たち	美しい物（こと）
Blonder	**B**londe	**B**londe	(etwas) **S**chönes / (nichts) **S**chönes
der **B**londe	die **B**londe	die **B**londen	das **S**chöne
ein **B**londer	eine **B**londe		

＊語尾変化は形容詞の付加語的用法と同じです (☞58頁)。

＊中性の場合は、etwas（何か〜のこと）, nichts（何も〜でないこと）, viel（たくさんの〜のこと）などと共に用いられることが多いです。

3 形容詞の比較級・最上級の付加語的用法 (☞59頁)

形容詞の比較級・最上級が名詞に付加されて名詞を修飾するときには、冠詞（類）の有無、性・数・格に応じて原級のときと同じ格変化語尾がつきます。(☞58頁)

Vor mir sitzt eine älter**e** Dame. 私の前に年配のご夫人が座っています。

Mein jüngst**er** Sohn wohnt in Köln. 私の末息子はケルンに住んでいます。

Der Himalaya ist das höchst**e** Gebirge der Welt. ヒマラヤ山脈は世界で一番高い山脈です。

1 zu 不定詞のその他の用法 (☞82頁)

- haben+zu 不定詞：「〜しなければならない」（能動の義務）

  Ich **habe** noch viele Hausaufgaben **zu machen**.

  私はまだたくさん宿題をしなければなりません。

・sein+zu不定詞：「〜されうる」（受動の可能）、「〜されなければならない」（受動の義務）

　　Der Wunsch **ist** unbedingt **zu erfüllen**.　　願いはきっとかなえられます。

　　Das Problem **ist** sofort **zu lösen**.　　その問題は直ちに解決されなければなりません。

2 不定関係代名詞wer と was （☞83ᵗ）

不特定の人や不特定の事物を表す関係代名詞として、**wer**「〜する人は誰でも」と**was**「およそ〜する物・こと」があります。これらは不定関係代名詞と呼ばれ、格変化は疑問代名詞 wer, wasと同じです（☞43ᵗ）。

　　Wer reich ist, (der) ist nicht immer glücklich.　　裕福な人が幸福とはかぎりません。

　　Was du gerade gesagt hast, (das) ist richtig.　　君が今言ったことは正しい。

　　Ich habe *alles* gekauft, **was** ich brauche.　　必要なものは全部買いました。

wer は先行詞をとりませんが、was は、alles, etwas, nichts, das Beste などを先行詞とする場合があります。

3 関係副詞wo

場所・時を表す語が先行詞の場合、関係副詞**wo** を用いることができます。

　　Die Stadt, **wo** (=in der) ich wohne, liegt am Rhein.　　私が住んでいる町はライン河畔にあります。

その他の文法補足

1 受動形

1）動作受動

日本語の「〜される」に相当する表現の形式を**受動**といいます。

受動の基本形：| **werden**（受動の助動詞）… **過去分詞**（文末）|

* werden の現在人称変化は ☞26☞

能動文：| Der Lehrer | **fragt** | den Schüler |.　　　　先生はその生徒に質問します。

受動文：| Der Schüler | **wird** | *von* dem Lehrer | **gefragt** |.　　　その生徒は先生に質問されます。

1格主語　　　　　　von+3格　　　過去分詞（文末）

能動文の4格目的語が受動文の1格主語となります。受動文で「〜によって」を明示する場合は**von+3格**または**durch+4格**で示します。vonは〈動作主〉を、durchは〈原因・手段〉を表しますが、現在ではその区別はあまり明確ではありません。

・受動文の主な時称

現　在：Der Schüler **wird**　 von dem Lehrer **gefragt**.

過　去：Der Schüler **wurde** von dem Lehrer **gefragt**.

現在完了：Der Schüler **ist**　　von dem Lehrer **gefragt worden***.

* 受動の助動詞werdenは完了形ではsein支配です。過去分詞はwordenとなります。

2）状態受動「〜されている」：| **sein** … **他動詞の過去分詞**（文末）|

状態受動は動作受動が完了した後の〈状態〉を表します。

動作受動：Das Tor **wird** um 17.00 Uhr **geschlossen**.　　その門は17時に閉められます。

状態受動：Das Tor **ist** schon **geschlossen**.　　　　その門はもう閉まっています。

3）自動詞の受動

自動詞（4格目的語をとらない動詞）も受動文を作ることがあります。その場合は**es**を形式的な主語とします。この**es**は文頭以外では省略されます。

Maria hilft dem Kind.　　　　　　　　マリーアはその子供を助けます。

Es wird dem Kind von Maria geholfen.　その子供はマリーアに助けられます。

Dem Kind wird von Maria geholfen.　　その子供はマリーアに助けられます。

2 分詞の用法

分詞は動詞と形容詞の性質を合わせ持つ語で、**現在分詞**と**過去分詞**があります。

1）現在分詞はその行為や状態が継続中で、「〜している」という意味を表します。

・現在分詞の作り方：不定詞＋ **d**　　例）spielen → spiel**end**　　例外）sein → sei**end**, tun → tu**end**

ein **spielend**es Kind		一人の遊んでいる子供			
das **tanzend**e Mädchen		その踊っている少女			

2）自動詞の過去分詞は「〜した、〜してしまった」という完了の意味を、他動詞の過去分詞は「〜される、〜された」という受動の意味を表します。

　　・過去分詞の作り方は ☞66🔗

ein **herabgefallen**er Apfel	一個の落ちてしまったリンゴ（完了）
die **zerstört**e Stadt	その破壊された都市（受動）

3 接続法

・ドイツ語には事実を直接述べる〈直説法〉や、命令を表す〈命令法〉の他に、人の言ったことを間接的に伝えたり、何かを要求したり、非現実の事柄を仮定・願望したりするときに使われる〈接続法〉があります。

・接続法の形式には、事実との隔たりの大きさに応じて第1式と第2式があります。

1）接続法第1式の人称変化…**不定詞の語幹**をもとにして、次の語尾をつけます

		規則動詞	不規則動詞			
不定詞→ 語　幹→		kaufen kauf	kommen komm	haben hab	werden werd	sein sei（例外）
ich	—e	kaufe	komme	habe	werde	sei
du	—est	kaufest	kommest	habest	werdest	sei[e]st
er/sie/es	—e	kaufe	komme	habe	werde	sei
wir	—en	kaufen	kommen	haben	werden	seien
ihr	—et	kaufet	kommet	habet	werdet	seiet
sie	—en	kaufen	kommen	haben	werden	seien
Sie	—en	kaufen	kommen	haben	werden	seien

2）接続法第2式の人称変化…**過去基本形**をもとにして、次の語尾をつけます

		規則動詞	不規則動詞			
不　定　詞→ 過去基本形→		kaufen kaufte	kommen kam	haben hatte	werden wurde	sein war
ich	⸚e	kaufte	käme	hätte	würde	wäre
du	⸚(e)st	kauftest	kämest	hättest	würdest	wär(e)st
er/sie/es	⸚e	kaufte	käme	hätte	würde	wäre
wir	⸚en	kauften	kämen	hätten	würden	wären
ihr	⸚(e)t	kauftet	kämet	hättet	würdet	wär(e)t
sie	⸚en	kauften	kämen	hätten	würden	wären
Sie	⸚en	kauften	kämen	hätten	würden	wären

＊規則動詞は直説法の過去人称変化と同じ形になります。過去基本形が -e で終わっている動詞の場合には、第 2 式でさらに語尾 -e をつけることはしません。

＊不規則動詞で語幹の母音が a, o, u のものは第 2 式で ä, ö, ü に変音します（ただし sollen, wollen などは例外）。

3) 直説法と接続法の時称および時称形態の関係

	直説法		接続法第 1 式	接続法第 2 式
現在	er wohnt er kommt	現在	er wohne er komme	er wohnte er käme
過去	er wohnte er kam	過去	er habe…gewohnt er sei…gekommen	er hätte…gewohnt er wäre…gekommen
現在完了	er hat…gewohnt er ist…gekommen			
過去完了	er hatte…gewohnt er war…gekommen			
未来	er wird…wohnen er wird…kommen	未来	er werde…wohnen er werde…kommen	er würde…wohnen er würde…kommen

4) 接続法の用法

接続法は、述べられる事柄に関して、話者が事実との隔たりをどのように見ているかを表します。

・直説法→事実とみなしている

Max hat Hunger.　　　　マックスは空腹である。
　　　　　　　　　　　　　└──►これを話者は事実とみなしている

・接続法第 1 式→事実かどうか関知しない

Max **habe** Hunger.　　　　マックスは空腹である（と言っている）。
　　　　　　　　　　　　　└──►これを話者は事実かどうか関知せずに述べている

・接続法第 2 式→事実ではないとみなしている

Max **hätte** Hunger.　　　（もし）マックスが空腹である（ならば）
　　　　　　　　　　　　　└──►これを話者は事実ではないとみなしている

① 間接話法（人の発言を事実かどうか関知せずに間接的に伝えるとき）→ 第 1 式

〈直説法〉　　　　　　　　　　　　　　　　〈接続法第 1 式〉

Er sagt: „Ich habe keine Zeit."　　→　Er sagt, *er* **habe** keine Zeit.
「僕は時間がないんだ」と彼は言う。　　　　　彼は時間がないと言う。

Er sagt: „Ich habe keine Zeit gehabt."　→　Er sagt, *er* **habe** keine Zeit **gehabt**.
「僕は時間がなかったんだ」と彼は言う。　　　　彼は時間がなかったと言う。

Sie fragte: „Wie alt ist dein Vater?"   →   Sie fragte, wie alt mein Vater **sei**.

彼女は「あなたのお父さんは何歳なの」と尋ねた。　　　彼女は僕の父が何歳か尋ねた。

　＊英語とは異なり、主文と間接引用文とのあいだに時制の一致はありません。

② 要求話法 → 第1式

Seien Sie vorsichtig!　　　　　　　　注意してください。

Gehen wir schwimmen!　　　　　　　泳ぎに行こう。

Man **nehme** nur eine Tablette pro Tag.　1日に1錠だけ服用のこと。

③ 非現実話法（非現実の事実を仮定するとき：「もし〜なら…だろうに」）→ 第2式

現在：　Wenn ich jetzt Zeit **hätte**, **ginge** ich ins Café.

　　　　Wenn ich jetzt Zeit **hätte**, **würde*** ich ins Café gehen.

　　　　もし今時間があれば、カフェに行くのに。

過去：　Wenn ich Zeit gehabt **hätte**, **wäre** ich ins Café **gegangen**.

　　　　Wenn ich Zeit gehabt **hätte**, **würde*** ich ins Café **gegangen sein**.

　　　　もし時間があったら、カフェに行ったのに。

　　＊ 接続法第2式では、帰結文に〈würde…不定詞〉の形が好んで用いられます。

・仮定部「もし〜なら」の wenn を省略して、定動詞＋主語ではじめることもできます。

現在：　**Hätte** ich Zeit, **ginge** ich ins Café.　もし時間があれば、カフェに行くのに。

過去：　**Hätte** ich Zeit **gehabt**, **wäre** ich ins Café **gegangen**.

　　　　　　　　　　　　　　　　　　　もし時間があったら、カフェに行ったのに。

・仮定部または推定部を独立に用いることもできます。

Wenn ich doch Zeit **hätte**!　　　　　もし時間があればなあ。

Hätte ich doch Zeit!　　　　　　　　もし時間があればなあ。

Ich **wäre** ins Café gegangen!　　　　私ならカフェに行ったのに。

④ als ob…「あたかも…のように」 → 第2式（まれに第1式）

Leon spricht Japanisch, **als ob** er Japaner **wäre**.

　　レオンは日本人であるかのように日本語を話す。

⑤ 外交的接続法（あたかも非現実であるかのように丁寧に表現するとき）→ 第2式

Ich **hätte** gern eine Bratwurst.　　　焼ソーセージを1つ欲しいのですが。（控えめな意見の表明）

Könnten Sie das noch einmal sagen?　もう一度言っていただけませんか。（丁寧な依頼）

変化表

① 動詞の現在人称変化

不定詞	kommen	sein	haben	werden
ich	komme	**bin**	habe	werde
du	komm**st**	**bist**	**hast**	**wirst**
er/sie/es	komm**t**	**ist**	**hat**	**wird**
wir	komm**en**	**sind**	hab**en**	werd**en**
ihr	komm**t**	**seid**	hab**t**	werd**et**
sie/Sie	komm**en**	**sind**	hab**en**	werd**en**

② 定冠詞の格変化

	男性	女性	中性	複数
1格	d**er**	die	d**as**	die
2格	d**es**	d**er**	d**es**	d**er**
3格	d**em**	d**er**	d**em**	d**en**
4格	d**en**	die	d**as**	die

③ 不定冠詞の格変化

	男性	女性	中性
1格	ein	eine	ein
2格	ein**es**	ein**er**	ein**es**
3格	ein**em**	ein**er**	ein**em**
4格	ein**en**	ein**e**	ein

④ 人称代名詞の3格と4格

1格	ich	du	er	sie	es	wir	ihr	sie	Sie
3格	**mir**	**dir**	**ihm**	**ihr**	**ihm**	**uns**	**euch**	**ihnen**	**Ihnen**
4格	**mich**	**dich**	**ihn**	**sie**	**es**	**uns**	**euch**	**sie**	**Sie**

⑤ 定冠詞類の格変化

	男性	女性	中性	複数
1格	dies**er**	dies**e**	dies**es**	dies**e**
2格	dies**es**	dies**er**	dies**es**	dies**er**
3格	dies**em**	dies**er**	dies**em**	dies**en**
4格	dies**en**	dies**e**	dies**es**	dies**e**

⑥ 不定冠詞類の格変化

	男性	女性	中性	複数
1格	mein	meine	mein	mein**e**
2格	mein**es**	mein**er**	mein**es**	mein**er**
3格	mein**em**	mein**er**	mein**em**	mein**en**
4格	mein**en**	mein**e**	mein	mein**e**

⑦ 話法の助動詞の現在人称変化

不定詞	dürfen	können	mögen	müssen	sollen	wollen	(möchte)
ich	**darf**	**kann**	**mag**	**muss**	**soll**	**will**	**möchte**
du	**darfst**	**kannst**	**magst**	**musst**	**sollst**	**willst**	**möchtest**
er/sie/es	**darf**	**kann**	**mag**	**muss**	**soll**	**will**	**möchte**
wir	dürfen	können	mögen	müssen	sollen	wollen	möchten
ihr	dürft	könnt	mögt	müsst	sollt	wollt	möchtet
sie/Sie	dürfen	können	mögen	müssen	sollen	wollen	möchten

⑧ 形容詞の格変化

（1）（冠詞（類）なし）形容詞＋名詞

	男 性	女 性	中 性	複 数
1 格	guter Mann	gute Frau	gutes Kind	gute Kinder
2 格	guten Mann(e)s	guter Frau	guten Kind(e)s	guter Kinder
3 格	gutem Mann	guter Frau	gutem Kind	guten Kindern
4 格	guten Mann	gute Frau	gutes Kind	gute Kinder

（2）定冠詞（類）＋形容詞＋名詞

	男 性	女 性	中 性	複 数
1 格	der gute Mann	die gute Frau	das gute Kind	die guten Kinder
2 格	des guten Mann(e)s	der guten Frau	des guten Kind(e)s	der guten Kinder
3 格	dem guten Mann	der guten Frau	dem guten Kind	den guten Kindern
4 格	den guten Mann	die gute Frau	das gute Kind	die guten Kinder

（3）不定冠詞（類）＋形容詞＋名詞

	男 性	女 性	中 性	複 数
1 格	ein guter Mann	eine gute Frau	ein gutes Kind	meine guten Kinder
2 格	eines guten Mann(e)s	einer guten Frau	eines guten Kind(e)s	meiner guten Kinder
3 格	einem guten Mann	einer guten Frau	einem guten Kind	meinen guten Kindern
4 格	einen guten Mann	eine gute Frau	ein gutes Kind	meine guten Kinder

⑨ 動詞の過去人称変化

不定詞	leben	sein	haben	werden
過去基本形	lebte	war	hatte	wurde
ich	lebte	war	hatte	wurde
du	lebtest	warst	hattest	wurdest
er/sie/es	lebte	war	hatte	wurde
wir	lebten	waren	hatten	wurden
ihr	lebtet	wart	hattet	wurdet
sie/Sie	lebten	waren	hatten	wurden

⑩ 関係代名詞

	男 性	女 性	中 性	複 数
1 格	der	die	das	die
2 格	**dessen**	**deren**	**dessen**	**deren**
3 格	dem	der	dem	**denen**
4 格	den	die	das	die

不定詞 直説法現在	過去基本形	過去分詞	接続法第2式
bleiben (s) とどまる	**blieb**	**geblieben**	bliebe
beginnen 始める	**begann**	**begonnen**	begänne
bringen 持ってくる	**brachte**	**gebracht**	brächte
denken 考える	**dachte**	**gedacht**	dächte
dürfen …してもよい ich darf du darfst er darf	**durfte**	**dürfen** **gedurft**	dürfte
essen 食べる du isst er isst	**aß**	**gegessen**	äße
fahren (s) （乗り物で）行く du fährst er fährt	**fuhr**	**gefahren**	führe
fallen (s) 落ちる du fällst er fällt	**fiel**	**gefallen**	fiele
fangen 捕まえる du fängst er fängt	**fing**	**gefangen**	finge
finden 見出す	**fand**	**gefunden**	fände
fliegen (s) 飛ぶ	**flog**	**geflogen**	flöge
geben 与える du gibst er gibt	**gab**	**gegeben**	gäbe
gehen (s) 行く	**ging**	**gegangen**	ginge
gelten 値する du giltst er gilt	**galt**	**gegolten**	gälte (gölte)
genießen 享受する	**genoss**	**genossen**	genösse
geschehen (s) 起こる	**geschah**	**geschehen**	geschähe

不定詞	過去基本形	過去分詞	接続法第2式
haben 持っている 　ich habe 　du hast 　er hat	**hatte**	**gehabt**	hätte
heißen …と呼ばれる	**hieß**	**geheißen**	hieße
helfen 手助けする 　du hilfst 　er hilft	**half**	**geholfen**	hülfe
kennen 知っている	**kannte**	**gekannt**	kennte
kommen (s) 　来る	**kam**	**gekommen**	käme
können …できる 　ich kann 　du kannst 　er kann	**konnte**	**können** **gekonnt**	könnte
lassen …させる 　du lässt 　er lässt	**ließ**	**gelassen**	ließe
laufen (s) 　走る 　du läufst 　er läuft	**lief**	**gelaufen**	liefe
lesen 読む 　du liest 　er liest	**las**	**gelesen**	läse
liegen ある	**lag**	**gelegen**	läge
mögen …かもしれない 　ich mag 　du magst 　er mag	**mochte**	**mögen** **gemocht**	möchte
müssen …ねばならない 　ich muss 　du musst 　er muss	**musste**	**müssen** **gemusst**	müsste
nehmen 取る 　du nimmst 　er nimmt	**nahm**	**genommen**	nähme

不定詞 直説法現在	過去基本形	過去分詞	接続法第2式
nennen …と名づける	**nannte**	**genannt**	nennte
rufen 呼ぶ	**rief**	**gerufen**	riefe
schaffen 創造する	**schuf**	**geschaffen**	schüfe
scheinen 輝く	**schien**	**geschienen**	schiene
schlafen 眠る 　du schläfst 　er schläft	**schlief**	**geschlafen**	schliefe
schließen 閉める 　du schließt 　er schließt	**schloss**	**geschlossen**	schlösse
schreiben 書く	**schrieb**	**geschrieben**	schriebe
schwimmen 泳ぐ	**schwamm**	**geschwommen**	schwömme
sehen 見る 　du siehst 　er sieht	**sah**	**gesehen**	sähe
sein (s) 在る 　ich bin 　du bist 　er ist	**war**	**gewesen**	wäre
singen 歌う	**sang**	**gesungen**	sänge
sitzen 座っている 　du sitzt 　er sitzt	**saß**	**gesessen**	säße
sollen …すべきである 　ich soll 　du sollst 　er soll	**sollte**	**sollen** **gesollt**	sollte
sprechen 話す 　du sprichst 　er spricht	**sprach**	**gesprochen**	spräche
stehen 立っている	**stand**	**gestanden**	stünde

不定詞 　　直説法現在	過去基本形	過去分詞	接続法第2式
steigen (s) 　登る	**stieg**	**gestiegen**	stiege
tragen 　運ぶ 　　du trägst 　　er trägt	**trug**	**getragen**	trüge
treffen 　会う 　　du triffst 　　er trifft	**traf**	**getroffen**	träfe
treiben 　駆り立てる	**trieb**	**getrieben**	triebe
trinken 　飲む	**trank**	**getrunken**	tränke
vergessen 　忘れる 　　du vergisst 　　er vergisst	**vergaß**	**vergessen**	vergäße
wachsen (s) 　成長する 　　du wächst 　　er wächst	**wuchs**	**gewachsen**	wüchse
werden (s) 　(…に) なる 　　du wirst 　　er wird	**wurde**	**geworden** (受動 **worden**)	würde
werfen 　投げる 　　du wirfst 　　er wirft	**warf**	**geworfen**	würfe
wissen 　知っている 　　ich weiß 　　du weißt 　　er weiß	**wusste**	**gewusst**	wüsste
wollen 　…しようと思う 　　ich will 　　du willst 　　er will	**wollte**	**wollen** **gewollt**	wollte
ziehen 　引く	**zog**	**gezogen**	zöge

※本書の「主要不規則動詞変化表」では，慣例に従って，完了の助動詞に sein をとる動詞にのみ略号 (s) を付し，haben をとる動詞は無記号とした。ただし fahren など，haben と sein の両方を支配する動詞については，初級段階で haben よりも sein の使用頻度が高いと思われる場合にのみ (s) を付した。従って本変化表中で (s) が付されている動詞の中には haben をとるものも含まれている。正確な用法については辞書等で確認していただきたい。

表紙デザイン：
　大下賢一郎

本文イラスト：
　渡辺奈央子

写真提供：
Berlin Tourisms Marketing GmbH
German National Tourist Board
Goethestraße
Hamburg Tourismus GmbH
Köln Tourisms GmbH
Shutterstock
Thüringer Tourisms GmbH
Wolfgang Kleber
秋田健博
一般社団法人　南埼玉郡市医師会　久喜看護専門学校
男鹿なび
㈱フィクス
山口県立萩美術館・浦上記念館

ブーメラン・エルエー
（第2版）

検印省略	© 2015 年 1 月 15 日　初版発行
	2023 年 1 月 30 日　第 11 刷発行
	© 2024 年 1 月 31 日　第 2 版発行

著　者　　　　　　小　野　寿美子

中　川　明　博

西　巻　丈　児

発行者　　　　　　小　川　洋一郎

発行所　　　　　　株式会社 朝 日 出 版 社
〒101-0065 東京都千代田区西神田 3-3-5
TEL (03) 3239-0271・72（直通）
振替口座　東京 00140-2-46008
http://www.asahipress.com
メディアアート / 図書印刷

ISBN978-4-255-25480-7 C1084

音声ダウンロード

音声再生アプリ「リスニング・トレーナー」

朝日出版社開発の無料アプリ、「リスニング・トレーナー（リストレ）」を使えば、教科書の音声をスマホ、タブレットに簡単にダウンロードできます。

まずは「リストレ」アプリをダウンロード

≫ **App Store**はこちら
≫ **Google Play**はこちら

▼ **アプリ【リスニング・トレーナー】の使い方**

① アプリを開き、「**コンテンツを追加**」をタップ

② QRコードをカメラで読み込む

③ QRコードが読み取れない場合は、画面上部に **25480** を入力し「**Done**」をタップします

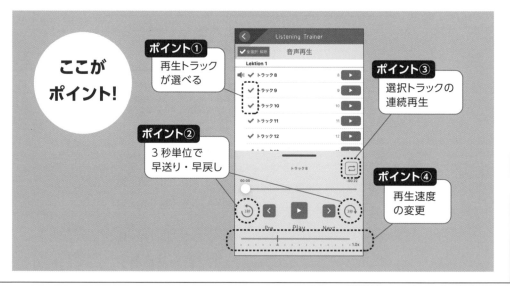

ここがポイント！

ポイント①
再生トラックが選べる

ポイント③
選択トラックの連続再生

ポイント②
3秒単位で早送り・早戻し

ポイント④
再生速度の変更

QRコードは㈱デンソーウェーブの登録商標です

WEBストリーミング（音声・映像）

教科書音声と各課「都市の紹介」動画を下記Webページよりストリーミングで視聴いただけます。

https://text.asahipress.com/free/german/Re/